AF247788

LES PARASITES

DE LA REVANCHE

JULES FÉNÉON

LES PARASITES DE LA REVANCHE

TROISIÈME ÉTUDE

PARIS

OU

DIALOGUE DES MORTS

Priez pour les trépassés!

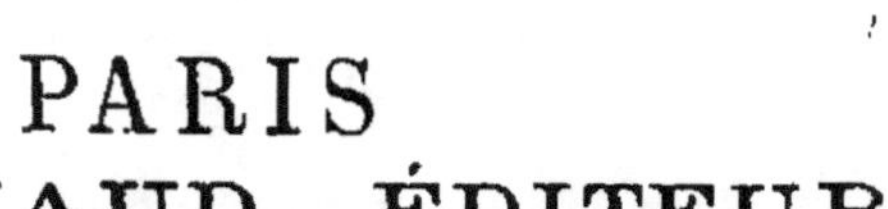

Prix : 1 fr.

PARIS

E. LACHAUD, ÉDITEUR

4, PLACE DU THÉATRE-FRANÇAIS

1872

LES PARASITES

DE LA REVANCHE

I

PROLOGUE

L'OSSUAIRE

Serait-il possible de mater la nation française, de dominer l'élan d'émancipation prolétaire, en confiant le navire sauveur de notre pouvoir providentiel aux tourmentes irrésistibles de la cité des révolutions ?

Pourrions-nous, sans vergogne, accomplir dans ses murs notre mandat impératif de décapitalisation ?

Pouvons-nous hésiter à saisir une occasion unique dans l'histoire de France ?

Pourrons-nous, nous foule royaliste à tendances éparses, combiner nos loyales solutions dynastiques, à Paris comme à Versailles ?

Pourrions-nous rester insensibles à la sympathie de la

grâce, aux manifestations célestes dont la divine Providence nous accable par la victoire des Prussiens , sous l'apparence du démembrement de la patrie, sous la forme humanitaire de Guillaume, Bismark et Napoléon III?

Pouvons-nous cohabiter dans ce foyer de perdition et d'infamie, qui osa lancer jadis une tête de roi à la face des rois de l'Europe conjurés, à la face des émigrés français, nobles et prêtres, pactisant avec l'étranger?

Pourrions-nous régner dans la ville qui perpétra le 10 août, 1830, 1848, le 4 septembre?

Pouvons-nous respirer l'atmosphère délétère de la détestable cité qui les émancipa?

. . . .

. . . .

Non, génies, non, certes, ne rentrez point....., restez dans votre ossuaire, abritez-vous, génies inconscients, de l'air vif de la liberté! Ménagez quelque temps encore la Moribonde, puis faites comme nous, priez pour Elle !

PRIEZ

POUR LES TRÉPASSÉS

Parisiens,

Son ardent amour pour notre chère patrie
malheureuse a poussé votre serviteur à traiter
la question de *Paris-Capitale*.

Depuis notre défaite, cette vérité historique a
été discutée trois fois à l'Assemblée nationale :
à Bordeaux, le 10 mars 1871 ; à Versailles, le
8 septembre 1871 ; puis encore à Versailles, le
2 février 1872. Chaque fois nos aveugles souverains ont méconnu la vérité.

Le choix de la Capitale a été réservé à Bordeaux comme l'une des plus grandes questions
constitutives : c'était une conséquence du *pacte
de Bordeaux*. — D'après la composition et les
tendances de la Chambre, on se rend compte
aujourd'hui des considérations qui ont forcé

M. Thiers à ne point faire *un pas de plus*, heureux qu'il fut d'obtenir Versailles d'une majorité qui voulait Fontainebleau. Mais, à cette époque, Paris n'était point conspué comme siége du gouvernement définitif ; son séjour paraissait momentanément dangereux comme siége d'un gouvernement provisoire.

Dieu ! si un pas de plus avait évité la Commune !

Après l'insurrection du 18 mars, la question entra dans sa deuxième phase, à la suite d'une proposition de loi présentée par un membre de l'Assemblée. Il ne s'agissait plus alors d'attendre pour rentrer dans Paris que le gouvernement définitif fût constitué : on prétendait prouver que le gouvernement de la France devait à tout jamais répudier notre antique Lutèce.

Pour oser toucher aux traditions nationales, il fallait faire de l'histoire : M. le rapporteur Cezanne s'en chargea. Cet opuscule a pour but de réfuter les arguments *hybrides-histori-ques* présentés, tant au rapport qu'à la tribune, par les puissants du jour qui ont daigné *retourner l'histoire de France,* dans la dévote espérance de démontrer aux simples que Paris, qui certes a fait la France, aurait bien au contraire, depuis quatre-vingt-dix ans, préparé la ruine de la Patrie.

Ils en sont au *père Loriquet.*

La question revit récemment le jour à la suite de la proposition Duchâtel, tendant à provoquer le retour du gouvernement à Paris. Elle fut résolue de nouveau négativement. Toutefois, *nos historiens Prud'hommes* en furent pour leurs élucubrations cléricalo-rurales : il a été rétabli, en effet, qu'il s'agissait de *boulotter* temporairement à Versailles, pour éviter tout coup de canif à ce fameux pacte de Bordeaux.

En résumé, Paris et la France, qui souffrent du manque de virilité de nos gouvernants, d'un divorce antinational, ont tout intérêt à voir un provisoire énervant se changer en définitif. La rentrée du gouvernement dans Paris serait *la récompense forcée et immédiate* de toute installation constitutive.

Ce petit travail indique également la nécessité et le sens de l'unique solution gouvernementale possible.

Salut et espoir.

J. FÉNÉON.

Ballancourt (Seine-et-Oise), ce 15 mars 1872.

II

AVANT-PROPOS

Parmi tant de signes de décadence nationale, l'un, plus manifeste, frappe douloureusement tout bon Français, et lui impose une trop légitime inquiétude pour l'avenir de la France. Il est impossible, en effet, de ne pas s'effrayer de l'aveugle aversion de la province ou mieux *des ruraux* pour Paris, des tendances de divorce antinationales manifestées, par la majorité du jour, à l'Assemblée nationale, quand il s'est agi de reconnaître la nécessité absolue de la réintégration du gouvernement dans la capitale.

Si nous avions rencontré dans les considérations mises en avant, pour maintenir le pouvoir *extra muros*, des arguments nationaux, nous aurions pu consentir à sacrifier notre ardent amour pour la ville française par excellence, à des nécessités politiques dûment consta-

tées. Malheureusement il nous a été donné de n'obser-
ver jusqu'ici, dans les mobiles de cette majorité de la
douleur, qu'œuvres de factions, parti pris, résistances
aveugles, atermoiements. Aussi, dans la conviction que
la nation entière subit les conséquences d'une détestable erreur, n'hésitons-nous pas à en rechercher les
causes, à les apprécier, puis à les combattre.

L'Assemblée nationale de la paix peut être classée en
six catégories politiques bien distinctes :

1° La catégorie des royalistes, ou légitimistes pur
sang ;

2° La catégorie des royalistes avec charte ;

3° La catégorie des monarchistes à branches plus ou
moins cadette, dits orléanistes ;

4° La catégorie des bonapartistes ;

5° La catégorie des républicains ;

6° La catégorie des ruraux proprement dits.

Cette sixième catégorie, qui ne s'observait pas dans
les chambres précédentes, issue très-nombreuse d'une
élection précipitée, sous le coup des malheurs de la
patrie, renferme des hommes neufs, inexpérimentés,
se rattachant d'instinct à toutes les nuances politiques,
depuis le républicain par raison, jusqu'au royaliste pur
sang. Mais, soit vice d'éducation nationale, soit aveuglement momentané, subissant, inconsciente peut-être, la
pernicieuse influence occulte du parti clérical, cette ca-

tégorie se laisse déborder par une opinion préconçue depuis 1848. Et cette opinion, enseignée comme un axiome gouvernemental par les ultramontains, l'a préparée à admettre, par système, que toutes les révolutions successives survenues depuis 1789, que tous les malheurs du pays doivent être imputés à l'influence politique trop importante des grands centres, prépondérante outre mesure, quant à Paris. — Dès lors elle fut conduite, par cette conviction erronée, à n'espérer le salut de la France que de la pratique d'une décentralisation exagérée, que surtout de la mise à l'abri des pouvoirs publics, par un séjour rural, des surprises révolutionnaires, victorieuses périodiquement dans l'antique capitale de la France.

Telle serait cette sixième catégorie, qui, confirmée dans ses craintes cléricales par la malheureuse insurrection du 18 mars, a tant aidé à constituer majorité pour l'œuvre antinationale de décapitalisation. Toutefois, cette catégorie, qui se compose d'un important groupe d'hommes à candeur politique, ne peut être que la triste victime des factions réactionnaires expérimentées. Elle subirait, en effet, selon nous, l'influence des machinations des factions coalisées qui, en simulant de donner dans ses idées sincères de libéralisme décentralisateur, sont parvenues à l'utiliser, comme nombre, pour une résistance temporaire, intéressée, et à leur profit, sont parvenues à l'entraîner dans la manifestation d'une haine de convention momentanément simulée contre Paris !

Que cette sixième catégorie veuille bien nous lire, peut-être parviendrons-nous à l'édifier.

***

Adressons, en effet, une incitation politique à un légitimiste pur sang, de bonne foi, ayant la pratique des assemblées, qu'il soit député ou en communauté d'idées avec les députés chefs de file de l'extrême droite. Posons-lui la question du jour : D'où vient donc, monsieur le marquis, que l'Assemblée nationale et le gouvernement ne veulent point se décider à rentrer dans Paris?

Monsieur, répond le marquis, le roi saurait bien passer partout!

Comment, le roi?

Certes, S. M. le roi Henri V, rétabli sur le trône des rois de nos aïeux, porte un nom de trop bon augure pour laisser en souffrance *sa bonne ville de Paris*, qui vaut malgré tout la peine d'y aller entendre la messe.

Excellente raison alors pour pousser le gouvernement à rentrer d'urgence dans la capitale !

Quel gouvernement? la République? La République

ne va pas à la messe, citoyen; restaurons, restaurons d'abord, et le roi saura bien passer partout!

*
* *

Passons à un légitimiste avec charte, généralement membre de la droite : Expliquez-nous donc, monsieur le comte, pourquoi l'Assemblée nationale et par suite le gouvernement hésitent tant à rentrer dans Paris?

Il nous faudrait être en mesure pour cela !

Comment être en mesure?

Évidemment! Il nous faudrait savoir à quoi nous en tenir, posséder un gouvernement sérieux.

Mais la République?

La République! raillez-vous? Un gouvernement provisoire, de transition, de répit, d'occasion, de très-mauvaise occasion !

Soit. Supposons donc les Bourbons restaurés! Consentiriez-vous alors à vous habituer à l'idée du gouvernement de la France de Paris?

Certes, monsieur; le roi Louis XVIII a parfaitement gouverné la France dans Paris.

Très-bien ! Donc vous ne comptez pas sur Henri V pour renouveler les fastes de Versailles ?

Nullement, et j'ajouterai, entre nous, que le domicile des Bourbons avec charte est fixé à Paris.

* *

Interrogeons maintenant une sommité orléaniste, écho, soit du centre droit, soit du centre gauche : Pourquoi, diable! monsieur le baron, l'Assemblée nationale hésite-t-elle encore à rentrer dans Paris?

Pourquoi, pourquoi? Eh ! parce que nous ne sommes pas d'accord.

Ah ! vraiment ! Mais d'accord pour quoi faire?

Parbleu! pour restaurer la meilleure des républiques, cette brave famille d'Orléans.

Bien ! Alors vous présumez qu'une fois le coup fait, le gouvernement oserait s'installer à Paris ?

Quoi d'impossible ? Auriez-vous oublié que Louis-Philippe, roi bourgeois, général de la garde nationale, a toujours conservé un grain de jacobinisme, qu'il adorait notre bonne ville de Paris ?

Alors, d'après vous, ses rejetons n'oseraient point penser à Versailles ?

A Versailles ! Fi donc ! d'aussi bons pères de famille, des époux d'une telle moralité !

Tiens, tiens ! Vous excuseriez les burgraves qui osent concevoir que s'il plut à Louis XIV d'installer jadis la royauté à Versailles, ce ne fut nullement pour fuir les dangers de Paris et faciliter les développements de l'antique Lutèce ?

Le roi-soleil! l'État c'est moi! avoir pu subir de tels mobiles ? Chut, naïf bourgeois, chut ! Si ce majestueux Bourbon aîné, si cet orgueil couronné avait pu prévoir l'interprétation radicale de son séjour à Versailles rédigée par M. Cézanne, il n'eût certes pas hésité, *communeux du passé*, à réduire Versailles en cendres.

Vous oseriez deviser à ce sujet comme les républicains sceptiques ?

En doutez-vous ?

Quoi ! vous oseriez admettre que Sa Majesté Louis le quatorzième s'est tout bonnement évertué à créer Versailles pour son bon plaisir ; pour se faire adjuger par la postérité, au prix des sueurs du peuple, le glorieux titre de dompteur de la nature ; pour jouir de ces magnifiques aménagements, de ces superbes jardins mythologiques, surtout pour y étalonner splendidement, à son aise ; pour y entretenir sa kyrielle de maîtresses à la porte du refuge conjugal ; pour y élever royalement les bâtards de France au milieu de sa cour !

Laissons, laissons ces antiques paillardises ! Parlons des d'Orléans, voilà des princes pudiques !

Calmez-vous, monsieur le baron, et concluons : Prétendez-vous que le gouvernement des citoyens de la branche d'Orléans oserait se fixer dans Paris ?

De vous à moi, bourgeois, trois jours après sa restauration.

* *

Abordons la spécialité bonapartiste ; choisissons un matamore barbu , réputé bon vivant : A quoi attribuez-vous donc, monsieur du plébiscite, l'inconcevable répulsion de l'Assemblée nationale pour venir siéger à Paris ?

Diavolo ! ces usurpateurs craignent la légende !

Après Sedan ?

Ils craignent, sans vouloir l'avouer, le bonhomme Badinguet.

Cessez, mauvais plaisant !

Ils craignent les Corses et les Auvergnats.

Cessez, burlesque !

Ils craignent une réaction bonapartiste par dépit du peuple parisien.

Halte-là ! vous calomniez Paris.

Écoutez-moi travailler, vieux démoc-soc..., et nous discuterons après. En avant la musique ! Nous abandonner Paris, nous abandonner la ville bénie des crimes d'État; nous déserter, quand le pouvoir est défaillant et réside ailleurs, le théâtre de nos derniers exploits, notre Paris du 2 décembre !

Quelle audace !

Certes , incrédules libéraux , l'empereur Napoléon

pourrait seul passer son pinceau légendaire sur tant d'horreurs, et calmer ces crises épileptiques dont les redoutables accès désorganisent notre France, depuis cette glorieuse journée de Sedan, où Sa Majesté eut le dévouement de nous sacrifier à son amour pour la vie ! Comparez, ingrats ruraux, nos misères présentes à la prospérité regrettable dont nous jouissions sous le deuxième empire ! Hésiteriez-vous longtemps encore, oublieux ruraux, à reconnaître que notre pauvre patrie ne saurait se relever de tant de ruines qu'en se précipitant dans les bras généreux de cette glorieuse dynastie qui sauva deux fois le pays !

C'est monstrueux !

Parisiens ! votre Empereur d'invasion est content de vous ! — Son cœur miséricordieux a tout oublié, même le feu de joie de son palais des Tuileries, après tout si mal habité avant lui ! — Il a compris, dans son violent amour, que vous avez été traqués, poussés à bout, par les royalistes ! — Il vous pardonne même la destruction de certains papiers de famille, même la suppression des pièces comptables de ses délicatesses privées !

Assez ! assez !

Depuis longtemps Sa Majesté rêvait, dans son amour pour la bâtisse, l'édification plantureuse d'un palais des mille et une nuits, digne des glorieux rejetons du grand Napoléon !

Monsieur du plébiscite, vous tairez-vous !

Parisiens ! amnistie complète, plus de pontons ! Rochefort lui-même sera amnistié ! les avocats du 4 septembre et la suite... à la lanterne !

Saltimbanque !

Peuple parisien ! aide-nous, crois en nous et Nabuchodonosor te protégera !

Brigand ! !

*
* *

Calmons-nous, et réconfortons-nous en pressant la main d'un Français avant tout : expliquons-nous sérieusement, citoyen ; nous en serions arrivés là en France ! Nos souverains, dominés par leurs passions politiques, entraînés par d'égoïstes intérêts de faction, persisteraient à gouverner *extra muros*, nourrissant l'arrière-pensée, après une restauration monarchique de leur choix, d'approuver la restitution à Paris du siége du gouvernement, octroyée par un monarque débonnaire comme don de joyeux avénement !

Vous en doutiez ?

Oui ! car il était si dur d'admettre, après tant de malheurs, après la honte de la défaite, après le déchirement douloureux du démembrement, que la réconciliation ne fût point faite, et qu'ils aient maintenu, depuis la mise en quarantaine coupable de deux millions des nôtres, et condamné Paris et la France à continuer de souffrir, par défaut de principe de cohésion, par manque de boussole nationale !...

Vous comprenez enfin !

Dieu puissant ! Mais il faut se hâter d'en finir, il faut une solution d'urgence !

Certes ! et elle doit être héroïque : la dissolution de la chambre du malheur ; une assemblée nationale constituante librement choisie ; la proclamation solennelle du régime gouvernemental, décidé par la majorité des délégués du peuple français.

Puis : arrière les fractions parasites !

Vive la France !

Vive notre antique capitale !

Vive PARIS !!

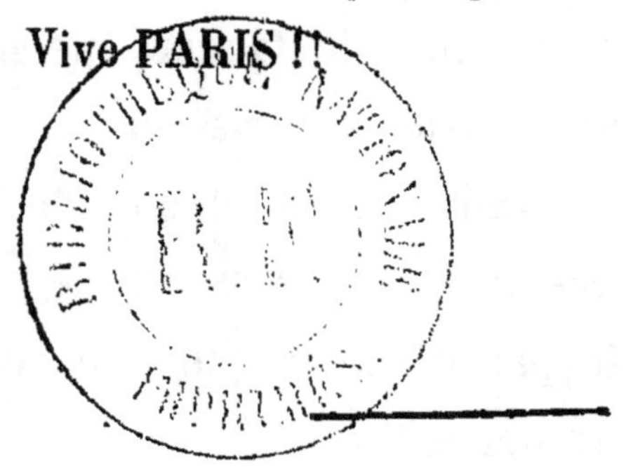

III

DE LA DÉCAPITALISATION DE PARIS

(UN RAPPORT D'OUTRE-TOMBE)

La nécessité de la décapitalisation de Paris a été présentée comme une question de tracé de voie ferrée. — On reconnaît, dans le rapport, l'œuvre correcte d'un brave ingénieur de société anonyme, désireux de complaire à ses actionnaires : la majorité clérico-rurale. — Tout, en effet, paraît avoir été engeancé dans le but de traiter aimablement, à la satisfaction d'un conseil d'administration, cette solution imposée par avance : *Le tracé de la régénération nationale doit forcément passer par Versailles et abandonner la direction de Paris.*

Traiter une question aimablement, obtenir, par ses complaisances, des puissants d'un jour une ovation éphémère : voilà de ces faiblesses que l'on sait concéder à l'intérêt privé, à la satisfaction personnelle, avec la réserve de discuter les arguments historiques mis en avant et tirés des folliculaires gagistes de la société de Jésus ; mais à la condition de protester, avec la France libérale indignée, contre ces tentatives ultramontaines, qui aboutissent *à retourner publiquement l'histoire de France*, ainsi que l'a si bien défini l'un de nos plus graves historiens. — Néanmoins, laissons de côté les singuliers arguments du rapport contre Paris, tirés des périodes antédiluviennes, et dont, depuis longtemps, il a été fait justice. Paix aux cendres d'Étienne Marcel qui fut, à son époque, un grand patriote et non un traître. Passons sur les conséquences de la bataille d'Azincourt, sur les épisodes du siége de Paris par Henri IV, trop heureux, notons-le, d'aller entendre la messe dans sa bonne ville de Paris. Arrivons à la date mémorable de 89, à la convocation des États Généraux.

*
* *

Depuis plus d'un siècle, l'orgueilleuse royauté s'était isolée de la nation et de Paris. La royauté était parvenue à fonder, à Versailles, sa capitale royale artificielle. — Le roi-soleil, l'État c'est moi, était parvenu à faire édifier par ses architectes, par ses jardiniers, sur un plateau inculte, privé d'eau, disgracié de la nature, un séjour plantureux digne de la majesté du roi de France.

— Oh! rien n'y manquait! A cette époque, on tirait tout des sueurs du peuple ; on pouvait le tailler à merci et misécriorde : il ne s'agissait que de presser un peu !

Il n'était plus possible de confondre Paris et Louis XIV! Il n'était point possible de confondre le roi et la nation ! Paris et la France produisaient ; le roi et ses parasites dévoraient !

Et cependant la nation supporta Louis XIV; même elle l'encensa, elle le glorifia. — L'immense orgueil du monarque avait, après tout, tourné au profit de l'unité de la France, en conduisant le roi à consommer la ruine des derniers vestiges de la féodalité. — Un terrible suçoir restait à la pieuvre ; mais mieux valait, après tout, une plaie visible, circonscrite, que cent mille moxas féodaux !

Puis la France subit de Versailles la régence de Philippe d'Orléans, imposée à la nation par le parlement de Paris, dans le but moral de faire échec aux bâtards royaux.

Puis à Versailles régna Louis XV et son parc aux cerfs, madame Pompadour et la Dubarry. — La galanterie prolifique du grand Louis s'était transformée chez Louis le Bien-Aimé en priapisme crapuleux.

Enfin Versailles vit éclore le règne de Louis XVI. Sans contredit, ce Bourbon ne fut pas le plus imparfait de sa race. Il ne souilla point l'antique trône de France par la pratique des vices de son impur aïeul. Mais il eut le malheur, héritant d'une situation détestable, de subir le sort de ·bouc émissaire pour le compte de ses ancêtres. — Louis XVI était un roi et un mari débonnaire, et, quand on étudie le fond de son caractère, on y rencontre, non point les causes de la chute de la royauté, devenue inévitable, mais celle de la fin épouvantable de l'homme lui-même. Modéré mais faible, équitable mais cagot, entretenu, par une reine impérieuse, dans son penchant naturel de résistance jalouse à toute réforme touchant aux prérogatives royales traditionnelles, ce monarque ne sut jamais envisager de face les difficultés, juger sainement les abus, et périt victime du choc terrible de deux tourbillons contraires qui, pulvérisant la royauté en France, le porta sur l'é-chafaud.

Louis XVI est mort victime des rigueurs de la révolution; surtout victime des imprudences de son entourage, de l'impertinente folie des royalistes, plus royalistes que le roi.

*
* *

Au début de son travail, l'auteur du rapport avance que : « Le grand et admirable mouvement de 1789 qui « entraîna la France entière, a été la conséquence de

« l'action que Paris a exercée sur toutes les classes de
« la nation française, à une époque où cette grande ville
« n'était pas le siége du gouvernement. »

Ici l'auteur aurait confondu l'effet avec la cause. —
L'effet, la manifestation, ce fut l'irrésistible torrent du
mouvement de 89 ; la cause, le divorce centenaire de
la royauté avec Paris, image et résumé de la France, et
sa conséquence forcée le divorce de la France avec la
royauté !

Car, pendant cent années la royauté avait vécu dans
son ossuaire. Pendant cent années, autorité parasite et
dégradée, occupée à dévorer la plus pure substance du
peuple, elle n'avait fait que grandir en décrépitude ; pendant cent années, elle avait fait ripaille, grugeant le prolétaire mourant de faim. — Mais depuis cent années, le
peuple osait penser ; depuis cent années, il observait
les usurpateurs, les larrons de tous les droits nationaux, se disputant avec impudeur une autorité usée
et méprisée ; depuis cent années, il notait les aveux échap-
pés aux ordres privilégiés de la nation : parlements, noblesse, clergé, occupés à ronger le fruit de ses labeurs,
et qui n'hésitaient pas, pendant les tiraillements de la
curée, à dévoiler tour à tour, avec impudeur, leurs mutuelles bassesses, leurs mutuelles indignités ! — Le
peuple avait observé de plus l'inaction, l'impuissance de

la cour, qui osait se contenter alors du mépris de l'Europe, de beaucoup d'or et de belles filles.

* *

Poursuivant, M. le procureur du procès de Paris, entonnant le *magnificat* de Versailles, ajoute en substance :

C'est à Versailles que s'assemblèrent, le 1er mai 1789, les États Généraux.

C'est à Versailles que se constitua l'Assemblée nationale de la fusion des trois ordres.

C'est à Versailles que furent proclamés les principes de 89.

C'est à Versailles, dans la nuit du 4 août, que fut décrété l'abolition des priviléges féodaux.

C'est à Versailles que la royauté a daigné reconnaître la nécessité d'une constitution, basée sur le principe de la souveraineté nationale, et en discuter les bases avec les représentants du pays.

Nombre d'esprits sages estiment, et à bon droit, que si l'Assemblée nationale s'était installée à titre définitif à Versailles, en couple réglé avec la royauté réglementée, et avait évité ainsi le séjour de Paris, elle serait parvenue, éclairée par l'expérience, dans un milieu plus calme, à utiliser la collaboration du puissant ouvrier qui

s'appelle le temps, et à conjurer ainsi les terribles con-
vulsions d'un enfantement précipité de transformation
sociale.

« Quel immense profit moral et matériel pour la
« France, conclut M. le rapporteur, si elle avait pu
« éviter une partie des épreuves qu'elle a souffertes,
« et dont, après quatre-vingts ans, nous osons à peine
« entrevoir le terme : les violences populaires, les réac-
« tions du pouvoir, les désastres de la patrie, les défail-
« lances de la nation, la multiplication des dynasties,
« le mépris des lois, les naufrages de la liberté. »

Les États Généraux furent en effet convoqués à Versailles. Mais qui doit-on glorifier du choix fait du séjour
de Versailles ? Serait-ce la ville de Versailles elle-même
ou bien la royauté disparue ? Versailles fut désignée jadis, par la volonté souveraine, pour la commodité d'un
roi absolu, et les conquêtes libérales arrachées à la
royauté, avant son déménagement de Versailles, auraient
été tout aussi bien arrachées au roi installé à Paris ou à
Saint-Germain ! Les États Généraux, convoqués à la
suite de la réunion de deux assemblées de notables, ne
furent décidés, du reste, par la cour qu'à corps défendant, dans l'unique but, par un appel à la nation, d'es-

sayer ce dernier moyen pour tirer la royauté d'insurmontables embarras financiers, héritages des ignominies des derniers règnes.

M. le rapporteur, qui prétend qu'à Versailles la révolution, la transformation sociale aurait pu s'opérer pacifiquement, a un peu trop glissé sur la démonstration de son espérance déçue. — Il aurait dû signaler : la mauvaise foi de la royauté dès le début, l'attitude stoïque du Tiers-État ; les conspirations et les légèretés de la reine et du comte d'Artois ; la conduite imprudente des ordres privilégiés, surtout de la noblesse ; l'appui de la cour pour le maintien de la distinction des trois ordres ; l'énergie du Tiers-État osant se proclamer assemblée nationale ; la fermeture de la salle des états par ordre du roi ; le serment du Jeu-de-Paume formulé ainsi par Bailly : « Vous prêtez le serment solennel de « ne jamais vous séparer, de vous rassembler partout « où les circonstances l'exigeront, jusqu'à ce que la « constitution du royaume soit établie et affermie sur « des fondements solides. » — La séance du Jeu-de-Paume et ce serment solennel prouvent surabondamment que, dès cette époque, le Tiers-État ne s'illusionnait déjà plus sur la bienveillance de la cour, sur la possibilité d'une entente cordiale avec la royauté, pour l'œuvre d'une constitution basée sur le principe de la souveraineté nationale !

M. le rapporteur aurait pu, en même temps, signaler : la protestation de la noblesse contre l'audace du tiers ; la séance royale du 24 juin ; l'avanie supportée par le Tiers-État laissé, avec intention, par les laquais royaux à la porte par une pluie battante ; le discours irritant et le décret draconien du roi : maintenant la conservation et la séparation des trois ordres, déclarant les pouvoirs des députés valables, vérifiés ou non vérifiés, annulant, comme irrégulières, les délibérations antérieures du Tiers-État, cassant et annulant les restrictions contractuelles mises aux pouvoirs des députés, c'est-à-dire leur défendant, ainsi, de s'en tenir aux stipulations des immortels cahiers, les engageant à se faire relever par leurs bailliages de leurs imprudents serments de rester fidèles à la nation, annulant les mandats impératifs, en un mot signifiant aux mandataires de la nation qu'ils n'avaient, à peu près, été convoqués que pour constater le déficit du trésor royal, puis, cela fait, pour voter que le peuple le comblerait.

Enfin, pour ne rien oublier, il n'eût pas été sans intérêt de signaler : la résistance du Tiers-État aux ordres du roi ; sa permanence dans la salle des états ; la sommation du marquis de Brézé, grand maître des cérémonies ; la réponse terrifiante de Mirabeau : « .... « cependant, pour éviter tout délai, allez dire à votre « maître que nous sommes ici par la puissance du peu-

« ple, et qu'on ne nous en arrachera que par la puis-
« sance des baïonnettes. »

Est-il possible, sans transformer les données de l'histoire, de contredire que, dès cette époque, on ne pouvait plus espérer de solution pacifique entre là souveraineté nationale et la souveraineté royale, aux prises
à Versailles? qu'à la suite du coup de foudre de Mirabeau, le haut clergé d'abord, puis la noblesse, se soient
exécutés de mauvaise grâce, contraints par une irrésistible nécessité, et que la fusion ait été un fait accompli
le 27 juin? Il n'est néanmoins plus douteux que la nation avait su se passer des récalcitrants, puisque, dès
le 17, le Tiers-État, fusionné avec le bas clergé, s'était
constitué en Assemblée nationale. Le rapport, pour
être fidèle, aurait dû indiquer que l'Assemblée nationale se constitua à Versailles, malgré l'opposition des
ordres privilégiés, *et non de la fusion des trois
ordres.*

Cependant l'auteur du rapport est véridique en signalant que c'est à Versailles que furent formulés et proclamés les principes de 89. Mais il a omis d'indiquer
que la résistance aveugle de Louis XVI à les accepter et
à les promulger, ne devait être vaincue que par l'émeute
parisienne des 4, 5 et 6 octobre, provoquée *ou mieux
avancée* par ce malencontreux banquet des gardes du
corps, où, en présence du roi et de la reine, des officiers

imprudents, pris de vin, ne respectèrent ni la nation ni son drapeau. Le roi ne céda, en effet, aux vœux de l'Assemblée nationale, que le 5 octobre à huit heures du soir. Par suite, il eût été plus juste de constater que ce n'est pas *à Versailles*, mais bien à l'énergie, à la pression de Paris que l'on doit attribuer l'acceptation et la promulgation des droits de l'homme et du citoyen, *et l'accession et non encore l'acceptation* de la royauté aux articles constitutionnels.

M. le rapporteur, en signalant à l'admiration de la postérité la nuit mémorable du 4 août 1789, où l'Assemblée nationale décréta l'abolition des priviléges féodaux, aurait sacrifié à la vérité en tenant compte d'une première résistance du roi, qui lui attira de Mirabeau, comme mise en demeure, l'application du mot de son fou à Philippe II : « Que ferais-tu, Philippe, si « tout le monde disait oui quand tu dis non ?

Toutefois, rien ne nous a autant frappé, dans cette étude comparative des premières pages de l'histoire de la Révolution française, que le respect persistant quand même de la nation pour la royauté. La nation détestait la reine, les princes, les princesses, la noblesse, le clergé, les parlements, les droits seigneuriaux, la taille, la dîme, les jurandes, les priviléges, etc., etc., et cependant elle respectait encore le roi, la royauté droit du temps, elle conservait le respect de l'œuvre de royauté consacrée par le temps ! — Oui, certes, une émeute parisienne pénétra le 6 octobre dans le palais de l'orgueilleux Louis XIV, de l'infâme Louis XV ; mais qu'était venu faire à Versailles le peuple de Paris ?

Le peuple était venu à Versailles chercher, dégager son roi. Le peuple de Paris avait faim de pain et de liberté, et il en était encore à espérer le pain et la liberté de la royauté, émancipée de son détestable entourage, éloignée du palais de ses indignes aïeux. Écoutez-le, faisant cortége à la famille royale, en route pour Paris : tout ira bien dès lors, proclamait-il, nous avons avec nous *le boulanger, la boulangère et le petit mitron !*

*
* *

L'auteur du rapport, après avoir déploré les journées des 4, 5 et 6 octobre, expose que le roi céda sans résistance sérieuse ; mais il glisse sur les motifs de cette condescendance, peu usitée généralement par les monarques. Il aurait pu ajouter que la France entière, sauf quelques milliers de privilégiés, marchait de cœur avec Paris, qu'elle espérait encore accomplir la révolution de concert avec la royauté mise, par son séjour dans la capitale, ainsi que l'indique M. Thiers lui-même, à l'abri des tentatives *des nobles qui voulaient le conduire dans une place forte pour user en son nom du despotisme*. — Si les intéressés à maintenir le roi indépendant du mouvement réformateur avaient pu le défendre, ils l'eussent certes tenté ce jour-là, car c'est du 6 octobre que date la rupture effective de la nation avec les abus du passé. Le roi étant dès lors libéré des agissements de la noblesse, du clergé, des privilégiés, des parasites, consentirait-il à marcher, à la tête du peuple français, dans le sentier de la régénération nationale ?

Ici, M. le rapporteur signale que l'Assemblée nationale, par un décret rendu au milieu de la crise, se déclara inséparable de la personne du roi, semble déplorer cette détermination prise par les députés de suivre la royauté à Paris, puis enregistre cet acte imprudent comme le point de départ de tous nos malheurs. M. le rapporteur nous paraît ne pas avoir saisi et le sens et la portée d'une mesure de salut commun, collectif, décidée dans l'espérance de sauver la royauté en déclarant la représentation nationale, et par suite la nation elle-même, inséparable de la personne du roi, et dans le but de protéger, en le suivant à Paris, l'homme et sa famille.

Puis, M. le rapporteur, faisant allusion à l'égorgement du boulanger François, écharpé par quelques brigands trois jours après l'installation de l'Assemblée à Paris, préjuge de son peu d'indépendance, et signale qu'elle discuta le jour même s'il convenait de proclamer la loi martiale. Il aurait évité toute équivoque en ajoutant, que la loi martiale fut non-seulement discutée mais encore décrétée séance tenante, et que les assassins de François furent livrés au Châtelet.

En outre, M. le rapporteur, en relevant un triste incident réprimé énergiquement, en groupant, à la suite du meurtre du boulanger François, assassiné en octobre 1789, le supplice du malheureux Bailly ancien maire de Paris, exécuté en novembre 1793, pendant la terrible période de la Terreur, a présenté là un rapprochement plus ingénieux que juste.

Enfin, M. l'auteur du rapport, dans son droit personnel en déplorant l'entrée de l'Assemblée nationale à Paris, aurait dû, dans son impartialité historique, relater la magnifique séance royale du 4 février 1790, séance de conciliation entre la nation et la royauté, due, du reste, à l'initiative du roi. Il est incontestable, en effet, pour tout homme de bonne foi ayant commenté, sans prévention, le discours prononcé alors par Louis XVI au sein de l'Assemblée nationale, que, même à cette époque, rien n'était encore compromis; que, malgré tant de fautes déjà commises, le respect pour la royauté surnageait au naufrage d'un impur entourage, d'une organisation sociale vermoulue ; que la nation prétendait *accomplir la révolution*, mais certes contradictoirement avec la royauté, car, en réponse au noble engagement pris par le roi de maintenir la constitution préparée par les représentants de la nation, ceux-ci répondirent par le serment civique et nominal ainsi conçu : « Je jure « d'être fidèle à la nation, à la loi et au roi, et de main- « tenir de tout mon pouvoir la constitution décrétée « par l'Assemblée nationale et acceptée par le roi. »

*
* *

« A partir du jour où la représentation nationale est « entrée dans Paris, continue M. le rapporteur, le « mouvement réformateur est jeté hors de sa voie. Ce « n'est plus la France qui cherche à se constituer par « sa libre et constante volonté, c'est Paris, ou plutôt la « minorité de Paris, dont les mouvements impétueux « deviennent la loi changeante de la nation. »

En établissant l'entente de la royauté et de la nation jusqu'au 4 février 1790, nous espérons avoir relevé l'erreur historique de M. le rapporteur, qui n'hésite pas à faire remonter une prétendue déviation du mouvement réformateur au jour de l'entrée de la représentation nationale à Paris. Il reste à combler les lacunes historiques du rapport, qui passe sous silence la constitution de trois assemblées nationales distinctes, pour arriver de suite à la Convention.

Après le 4 février la situation s'envenime, les machinations anti nationales se succèdent. Citons pour mémoire . les accointances de Mirabeau avec la cour; les menées imprudentes de l'entourage du roi; les conspirations du clergé recourant à la guerre civile pour sauver ses biens terrestres ; les troubles du Midi provoqués par le comte d'Artois et les émigrés de Turin ; la résistance du roi à la constitution civile du clergé ; les intrigues coupables de la reine. Et cependant la réconciliation du roi avec la nation, au jour de la fête de la Fédération, le 14 juillet 1790, était parvenue une dernière fois à enrayer la catastrophe. La nation comptait sur le serment déposé par le roi sur l'autel de la patrie. Ce jour-là encore, le mouvement réformateur *conservait la voie primitive ;* la nation espérait toujours la régénération de son assemblée nationale et du roi !

Mais l'orage approchait. La contre-révolution n'hésitait plus à couper les derniers liens traditionnels. Reine, chefs militaires, nobles, prêtres, émigrés, pactisaient déjà avec l'étranger ! — Toutefois la situation ne fut point aggravée pendant l'été de 1790, passé par le roi à Saint-Cloud. — Vers la fin de cette année, certains différends surgirent entre le roi et l'Assemblée, relativement au serment civique des ecclésiastiques, mais, en somme, la sanction royale avait fini par être obtenue.

Malheureusement, pendant l'année 1791, les menées réactionnaires et cléricales s'accentuèrent.

Enfin s'accomplit, le 20 juin 1791, *le crime de lèse-nation*, la fuite de Varennes, qui, préparant la chute de la royauté, rendit le 10 août à peu près inévitable. Et cependant l'Assemblé nationale, persistant quand même dans un respect absolu pour la personne du roi, malgré l'évidence des mauvais desseins suggérés au monarque, consentit à considérer cette fuite volontaire comme un enlèvement. Dans sa magnanimité, elle espérait quand même une solution pacifique d'une entente cordiale, de la fusion de deux principes devenus incompatibles ; elle persistait dans la voie conciliatrice, sans se laisser ébranler même par l'insolente déclaration de Pilnitz [1].

Le moment de l'acceptation de la constitution approchait. Louis XVI avait excusé sa tentative de fuite par la nécessité d'un voyage en province pour se rendre compte des intentions générales de la nation. Il affirmait, depuis son retour, qu'il était désormais fixé ; que la volonté nationale s'était manifestée à lui pendant la route [2]; *qu'il n'hésitait plus à s'y soumettre et à faire tous les sacrifices nécessaires pour le bien de tous.*

---

1. Cette déclaration proclamait la solidarité de roi à roi pour lutter contre les décisions de la souveraineté nationale.

2. Le roi ayant, en effet, été arrêté à Varennes avant la réception des ordres de l'Assemblée par la municipalité et les gar-

Louis XVI était-il sincère?…. Quant à la reine, ses aspirations d'alors ne sont plus douteuses; elle pactisait
depuis longtemps avec l'étranger. Elle n'hésitait pas, de
son côté, à écrire le 26 août 1791 à Vienne, au comte
de Mercy : « C'est à la fin de la semaine qu'on présen-
« tera la Charte au roi…. Il s'agira à présent de suivre
« une marche qui éloigne de nous la défiance, et qui,
« en même temps, puisse servir à déjouer et *à culbuter*
« *au plus tôt l'ouvrage monstrueux qu'il faut adop-*
« *ter*…. Il n'est plus possible d'exister comme cela; il
« ne s'agit pour nous que de les endormir et de leur don-
« ner confiance en nous pour les mieux déjouer après…
« Nous n'avons plus de ressource que dans les puissan-
« ces étrangères. Il faut à tout prix qu'elles viennent à
« notre secours, mais c'est à l'empereur à se mettre à
« la tête de tout, etc., etc.[1] »

Néanmoins, la constitution fut acceptée par Louis XVI
le 13 septembre 91. Le roi se rendit ensuite à l'Assemblée, où, comme dans les plus beaux jours, il reçut l'ac-

des nationaux de cette cité, et n'ayant pu être enlevé par
Bouillé dont les soldats avait fait cause commune avec le peuple,
ne pouvait plus dès lors conserver de doute sur la volonté de la
nation.

1. Citations tirées des Archives secrètes de l'empereur d'Autri-
che, publiées en 1866 par l'archiviste de Vienne, le chevalier
d'Arneth.

cueil le plus respectueux et le plus touchant. A ces bonnes nouvelles, la France manifesta une joie extraordinaire.

L'Assemblée constituante déclara ses séances terminées le 30 septembre 1791.

M. le rapporteur est-il bien fondé à prétendre que le mouvement réformateur ait été jeté hors de sa voie, à partir du jour de l'entrée de l'Assemblée nationale à Paris, le 19 octobre 1789, quand l'histoire nous apprend que deux ans plus tard, après tant de défaillances, la royauté réconciliée solennellement avec la nation par la sagesse de l'Assemblée, même au prix de sa popularité, pouvait encore se sauver, en observant loyalement la constitution de 91, la première de nos chartes révolutionnaires; le monument politique le plus vénérable de l'histoire de l'humanité; le pacte social le plus parfait qui eût jamais régi un peuple, qui porte en tête, en traits de flamme, l'immortelle déclaration des droits de l'homme et du citoyen; ce *pacte fondamental type*, digne d'inaugurer l'ère terrestre de justice, de liberté, d'égalité, de fraternité, dont les principes augustes sont parvenus à pénétrer, malgré les despotes, dans les contrats sociaux de tous les peuples!

Quant à la part faite à la royauté par la constitution, était-elle acceptable? Écoutons M. Thiers à ce sujet:

« L'Assemblée constituante, dans sa répartition équita-

« ble, avait ménagé les anciens possesseurs. Louis XVI,
« avec le titre de roi des Français, trente millions de
« revenu, le commandement des armées, et le droit de
« suspendre les volontés nationales, avait encore d'as-
« sez belles prérogatives. Le souvenir seul du pouvoir
« absolu peut l'excuser de ne pas s'être résigné à ce
« reste brillant de puissance. »

Malheureusement, les parasites de la royauté ne trou-
vèrent pas la part assez belle !

*
* *

Il n'entre pas dans le cadre de cet opuscule de suivre
l'Assemblée législative depuis sa première séance, en
octobre 1791, jusqu'à la chute définitive de la royauté,
le 10 août 1792, et la convocation d'une Convention nationale, sa conséquence.

Rappelons néanmoins les tentatives antinationales des
émigrés; les pratiques indignes des frères du roi; le refus du roi de sanctionner le décret contre les émigrés,
ces indignes artisans de la guerre extérieure, et, quelques jours plus tard, le refus de sanctionner le décret
contre les prêtres réfractaires, ces détestables organisa-
teurs des troubles religieux et de la guerre civile, préparant, dès cette époque, les terribles guerres de la
Vendée. Rappelons la résistance de la cour au coura-

geux dévouement du ministère girondin ; le rappel à la raison exposé à la royauté, dans une lettre fameuse, par le ministre *Roland* qui, dans sa probité, osa alors faire toucher du doigt à Louis XVI l'absolue nécessité, pour lui, sous peine de rupture définitive avec la nation, de se décider à répudier énergiquement les errements du passé et à guider la révolution. Rappelons l'aveuglement du roi, abandonné en dernier ressort, même par Dumouriez ; l'appel de la royauté à la protection de l'étranger en juin 1792 ; le terrible et direct avertissement du peuple à la royauté, le 20 juin ; la réconciliation Lamourette ; le dernier serment du roi à l'Assemblée nationale, le 7 juillet ; enfin l'orgueilleux manifeste du duc de Brunswick qui, précédé de la fuite de Varennes, brisa le dernier lien du droit du temps, annihila le respect de l'œuvre de royauté consacrée par le temps et rendit le 10 août inévitable.

Nous n'avons point également ici la prétention de scruter la terrible épopée de la Convention.

Pendant les périodes de calme, le sens national peut être oblitéré par des criailleries de rejetons d'émigrés ou de cléricaux, et des cœurs généreux ont pu innocemment s'apitoyer et déplorer l'âpreté des héroïques efforts de nos pères. Mais, à la suite d'une troisième invasion, après le démembrement et la ruine de la patrie, nous tous qui avons vu, compris, dont le sang a frémi…, nous osons bégayer aujourd'hui avec le grand poëte : « 93 a sauvé le territoire ; la Terreur a empêché « la trahison ; Robespierre a fait échec à la Vendée et « Danton à l'Europe coalisée. »

Nous osons répéter après M. Thiers : « Aux hommes « qui s'appellent avec orgueil patriotes de 89, la Con- « vention pourra toujours dire : Vous avez provoqué la « lutte, c'est moi qui l'ai soutenue et terminée…. Mon « souvenir est demeuré terrible ; mais j'ai un seul fait « à alléguer, un seul, et tous vos reproches tombent « devant ce fait immense : j'ai sauvé la France de l'in- « vasion étrangère. »

Et nous osons déplorer qu'en 1870 notre France abâtardie ne produisît plus de conventionnels pour punir les traîtres, soulever la nation et sauver la patrie !

*
* *

Cependant, **M.** le rapporteur, *qui est porté à croire que les hommes sincères et courageux qui ont commencé la révolution, seraient parvenus à consolider et à couronner leur œuvre, demeurés dans le milieu plus calme où ils ont commencé leurs travaux, c'est-à-dire à Versailles,* aurait dû au moins corroborer son affirmation par un programme de cette œuvre de régénération telle qu'il veut bien l'entrevoir aujourd'hui, d'accord avec ses adeptes. Il n'a rien précisé à cet égard. Mais son regret de l'accomplissement complet de la révolution nous autorise à admettre que, pour lui, une solution sage eût été rencontrée alors dans l'établissement, en conservant la dynastie des Bourbons, de la royauté constitutionnelle ou *régime anglais*, dans l'intronisation en France, de concert avec Louis XVI, « de « cette forme de gouvernement qui, suivant M. Thiers, « est une transaction entre trois intérêts qui divisent « les États modernes : la royauté, l'aristocratie et la dé- « mocratie. »

Cette transaction était-elle possible à Versailles mieux qu'à Paris ? Pouvait-on éviter la révolution ? Nous ne le pensons pas. Tous les efforts sincères pour parvenir à s'entendre furent tentés. Peine inutile, on ne le put jamais ! Deux principes se trouvaient en présence, la souveraineté nationale et la souveraineté royale, principes réputés divins l'un et l'autre par chacun des détenteurs, *le peuple et le roi*. A Versailles comme à Paris, Louis XVI eût, fort de son droit divin, cherché à se soustraire au joug de la souveraineté nationale. La fuite de Varennes aurait eu lieu de Versailles comme de Paris. La lutte était donc inévitable.

Écoutons du reste l'appréciation de M. Thiers à ce sujet : « Or, cette transaction n'est possible qu'après « l'épuisement des forces, c'est-à-dire après le combat,

« c'est-à-dire encore, après la révolution. En Angle-
« terre, en effet, elle ne s'est opérée qu'après une lon-
« gue lutte, après la démocratie et l'usurpation. Vouloir
« opérer la transaction avant le combat, c'est vouloir
« faire la paix avant la guerre. Cette vérité est triste,
« mais elle est incontestable ; les hommes ne traitent
« que quand ils ont épuisé leurs forces. La constitution
« anglaise n'était donc possible en France qu'après la
« révolution. On faisait bien sans doute de la prêcher,
« mais on s'y prit mal ; et s'y fût-on mieux pris, on n'au-
« rait pas plus réussi. J'ajouterai, *pour diminuer les*
« *regrets*, que quand même on eût écrit sur une table
« de la loi la constitution anglaise tout entière, ce
« traité n'eût pas apaisé les passions ; qu'on en serait
« venu aux mains tout de même, et que la bataille au-
« rait été donnée malgré ce traité préliminaire. Je le
« répète donc, *il fallait la guerre, c'est-à-dire la révo-*
« *lution*. Dieu n'a donné la justice aux hommes qu'au
« prix des combats. »

Il fallait la guerre, c'est-à-dire la révolution, c'est-à-
dire la régénération nationale. La souveraineté nationale
osa formuler alors : La régénération nationale sera! et la
révolution s'accomplit. L'enfantement fut laborieux.
Mais silence aux profanes qui oseraient reprocher à la
nature les douleurs de l'enfantement !

*
* *

Dès lors entendons-nous, monsieur le rapporteur, car il ne s'agit plus aujourd'hui de fuir, de se casemater à Versailles, dans une majesté terrible, il s'agit de sauver la nationalité française !

Il s'agit de faciliter la classification des Français en deux factions, de faciliter le dénombrement de la nation en deux groupes : ceux qui protestent contre l'accomplissement de la révolution française ; ceux qui l'acceptent avec toutes ses conséquences. Prenez séance, monsieur le rapporteur, affirmez-vous, ô homme libéral ! Résumez et manifestez les prétentions de vos actionnaires ! Proscrivent-ils les conquêtes nationales de Paris et de la France arrachées aux privilégiés conjurés de 1789 à 1795, ou daignent-ils en faire leur deuil et les accepter ?

Sont-ils des hommes du passsé ou des hommes du lendemain ?

Sont-ils légitimistes ou républicains ?

Sont-ils pour la souveraineté nationale ou bien pour la souveraineté royale ?

Tout bon Français doit prendre parti aujourd'hui, sous peine de décadence nationale. L'équivoque, la transaction, dans les aspirations politiques, ne peut conduire qu'à la mort, qu'à la honte, qu'au complet démembrement !

Quant à nous, enfants de la Révolution, nous tenons pour la souveraineté nationale inaliénable, imprescriptible. Nous vénérons les labeurs de nos pères, ces patriotes de la veille, ces ouvriers de la première heure. Nous tenons pour le droit divin populaire; nous acceptons la succession de l'immortelle révolution française !

La Convention nationale déclara sa mission remplie et sa session terminée le 26 octobre 1795. Elle livra la France sauvée, affranchie, pourvue de ses frontières naturelles, géographiques, au Directoire et à l'Empire.

La période du Directoire s'écoula sans trop d'encombre et non point sans gloire.

* * *

Puis vint le 18 Brumaire, ce jour à jamais néfaste, où l'on vit les baïonnettes prétoriennes violer le temple des lois, et un soldat heureux rester maître de ce déplorable champ de bataille.

L'auteur du rapport semble stigmatiser le 18 Brumaire. Puis, d'un autre côté, à la tribune, il laisse à entendre que ce crime doit être considéré comme une transformation politique désirée, acceptée à l'avance,

non-seulement par la France entière, mais encore par
Paris. Il s'écrie, en effet, dans son admiration comparative : « On peut comparer Paris à tous les despotes, par
« exemple à Napoléon Ier. Est-ce qu'il n'a pas bien
« commencé? Est-ce que la France ne lui a pas donné
« toute sa confiance? » ..... Tristes exclamations admiratives, qui auraient au moins dû conduire M. le
rapporteur à éviter de classer au passif de Paris, pour
l'œuvre de décapitalisation, la réussite du 18 Brumaire,
puisqu'en ce jour Paris ne fit, selon lui, que s'incliner
devant la volonté souveraine de la nation, et *envoyer
tout fait* à la province le gouvernement de son choix!

Mais non! pour l'honneur du pays, tout le monde
n'était pas d'accord en France pour violer le sanctuaire
des lois, pour disperser par la force les assemblées délibérantes. — Bonaparte n'osa pas affronter le conseil
des Cinq-Cents dans Paris. Le Corps législatif dut être
transporté à Saint-Cloud, dans cette innocente ville de
Saint-Cloud, où peu s'en fallut que le terrible prétorien,
mis hors la loi, arrêté par Augereau, n'eût vécu le
19 brumaire!

L'esprit se perd quand on scrute la possibilité d'un
autre avenir pour la France avec la République sauvée,
pour l'Europe, abritées l'une et l'autre, le despote terrassé à temps, des conquêtes éphémères de Napoléon!

Reprocher à Paris les insurrections populaires, passe

encore. Rendre la grande cité responsable des usurpations prétoriennes ou crimes d'État, c'est s'égarer dans les dernières limites d'une passion politique inexcusable! Car, que les rouages du gouvernement soient, à l'avenir, concentrés à Versailles au lieu de l'être à Paris, quelles sont les garanties spéciales opposées par ce séjour rural aux réussites des coups d'État?

Enfin soit! la gigantesque, mais criminelle aventure prétorienne de Bonaparte était indispensable pour l'émancipation de l'humanité; sa désastreuse équipée militaire, convertie par notre immense orgueil national en épopée, devait, corollaire inévitable de la Révolution, subjuguer l'Europe. Le grand capitaine, le soldat heureux devait, messager involontaire des principes de la République par ses pérégrinations à travers l'Europe, aller affirmer l'aurore de la liberté jusqu'à Moscou. Il fallait, pour propager la révolution dans le monde, que l'homme du peuple, sacré empereur par un pape, reçût dans son lit la fille des Césars, livrée aux convoitises nuptiales d'un despote victorieux! Soit encore!

Et toi, ô Paris, noble cité, quand d'accord, d'après eux, avec la nation entière, tu t'es soumise aux impénétrables décrets de la divine Providence, tu fus quand même criminelle, toujours criminelle, encore criminelle!

Passons.

*
* *

Le missionnaire céleste, l'homme du Concordat tombe enfin, après avoir accumulé contre la France tant de haines internationales implacables. Béni, puissant, maudit, vaincu, Bonaparte disparaît. La royauté et les hommes du passé accourent; le prêtre a fait volte-face; l'étranger aide. Le Dieu des armées est enfin avec eux, à bas l'*ogre de Corse*, salut aux rois très-chrétiens !

Monsieur le rapporteur voudra bien nous accorder que le peuple de Paris ne fut pour rien dans la révolution étrangère dite Restauration; qu'on ne saurait lui imputer la période dite les Cent-Jours. Bonaparte, en effet, échappé de l'île d'Elbe, avait dû, pour gagner Paris, traverser la province, qui accepta, sinon favorisa, cette désastreuse tentative *in extremis*.

Les rois de l'Europe, maîtres de disposer de la France, dans les conjonctures lamentables infligées à notre pays par l'ambition de Bonaparte, imposèrent à la nation le seul gouvernement possible, le seul compatible avec la situation, la restauration de notre antique maison de France. Mieux valait après tout accepter de la bienveillance des rois victorieux notre pauvre France meurtrie, cantonnée à peu près dans ses anciennes limites, que de subir la honte du démembrement.

Et puis Louis XVIII, tout en se maintenant roi de par le droit divin, mais devenu philosophe par nécessité, sut se décider à octroyer à la nation une charte relativement libérale, comparée à la terrible domination césarienne de Napoléon. Cette charte, respectée par ses successeurs, pouvait certes pourvoir aux nécessités du moment, et laisser la France fatiguée se refaire sous son égide.

*
* *

Le roi Louis XVIII mort, la France se trouva livrée, pour son malheur, aux conseillers de son successeur, le roi Charles X. Les défenseurs du trône et de l'autel pouvaient être satisfaits. Le Bourbon philosophe avait fait place à l'homme des ultras, à l'aveugle instrument de cette infâme société cléricale dont le nom répugnant était odieux à la nation. La France était désormais aux mains du vieux libertin devenu cagot, de l'émigré de la première heure, du membre de la conférence de Pilnitz, du lâche vendéen, de l'artisan du désastre de Quiberon, dont la couardise provoqua à l'époque cette célèbre lettre de Charette à Louis XVIII : « Sire, la lâcheté de « votre frère a tout perdu...... » Les protecteurs de la religion possédaient enfin le lieutenant général *in partibus* de la France depuis 1793, l'homme du monstrueux traité avec l'étranger du 23 avril 1814, qui ne sut même pas tenir compte des instructions de Louis XVIII au lit de mort, dont les conseils pratiques de modération pouvaient peut-être encore sauver la situation.

M. le rapporteur et ses adeptes inscrivent au passif de Paris la révolution de Juillet. L'un d'eux a même osé, comparant la colonne de Juillet à la colonne Vendôme, s'écrier : « On laisse debout les colonnes « révolutionnaires, et on abat les colonnes glorieuses. »

Les colonnes glorieuses ! Hélas ! la colonne impériale, que servirait de la déboulonner ? et cependant ces quelques tonnes de bronze, de vil métal, nous restent seules comme un triste souvenir de notre gloire militaire évanouie, des bords du Rhin, de nos frontières naturelles perdues, de notre Alsace et de notre Lorraine livrées !

Non, législateurs, non, nous ne pouvons plus être fiers d'être Français à l'aspect de ce fétiche, de cette colonne !

Que monsieur le rapporteur veuille bien nous permettre de résumer succinctement ici les principales causes de la révolution de Juillet, en rappelant : la loi contre le sacrilége ; le milliard des émigrés ; la cérémonie surannée du sacre, pour laquelle on parvint à retrouver miraculeusement la sainte ampoule détruite publiquement en 1793 ; les tendances ultramontaines du pouvoir ; l'envahissement du parti prêtre ; la tentative de rétablissement du droit d'aînesse ; la présentation avortée de cette loi destructive de la liberté, dite alors ironiquement *loi d'amour ;* le licenciement de la garde nationale ; le rétablissement de la censure ; la dissolution de la Chambre ; le ministère Polignac ; la fameuse adresse des 221 essayant de dissiper l'aveuglement d'une royauté caduque, à laquelle il fut répondu par une deuxième dissolution de la chambre ; enfin, les fameuses ordonnances, violation manifeste de la charte octroyée à son bon peuple par le roi Louis XVIII.

M. le rapporteur et les siens auraient-ils été en 1830 avec le peuple ou bien avec M. de Polignac ? Pratiquent-ils les opinions du député contempteur de la colonne de Juillet, de cette colonne révolutionnaire sur laquelle, avec leur sang, les braves Parisiens ont osé buriner ces mots : « *Aux citoyens morts,* « *dans les journées des* 27, 28 *et* 29 *juillet* 1830, pour « la défense des lois et de la liberté. »

Eh bien ! non, ils ne sauraient parvenir à retourner l'histoire de France. — La révolution de Juillet se manifesta tout à coup, soudaine, irrésistible ; elle fut, sur la terre de France, une sublime explosion de justice. Et la nation, en se débarrassant de sa dynastie légitime en rupture de ban depuis la fuite de Varennes, imposée par les despotes étrangers comme conséquence de l'invasion, supportée avec Louis XVIII, impossible avec Charles X capucin et ultramontain, ne fit que répondre aux provocations des violateurs de la charte, *les jésuites et les émigrés*.

Et c'est si vrai, que le vieux Charles, lançant de Saint-Cloud ses ordonnances liberticides, eut beau se replier de Saint-Cloud sur Rambouillet, abdiquer ainsi que le dauphin en faveur du duc de Bordeaux, continuer à se replier de Rambouillet sur Versailles, de Versailles sur la province, traverser la province à petites journées pour aboutir désolé au port où il s'embarqua : concessions inutiles ! rien ne parvint à enrayer le mouvement de répulsion nationale. — La province accepta la protestation, la revendication. L'exécution de Paris ne protesta pas, ne se groupa pas. Hélas ! elle avait trop compris que le dernier roi Bourbon, en partance, soldait le reliquat de compte à cette malheureuse royauté d'invasion.

Où donc étaient en 1830 les aïeux des puissants du jour ? Pourquoi, serviteurs dévoués de la royauté persécutée, n'ont-ils point soulevé la province ? Pourquoi n'ont-ils point versé leur sang et réduit les insurgés de Paris ? Un vieux roi entouré de ses fidèles a traversé lentement, sous leurs yeux, son royaume, gagnant la terre d'exil ! Ils n'ont rien fait pour le roi !!

La France avait à subir la monarchie de Juillet.

Nous déplorons la gigantesque et criminelle aventure prétorienne du premier Empire ; nous pleurons les suites de la lilliputienne et infâme aventure prétorienne de la désastreuse équipée d'hommes de police du sinistre coupe-jarret de Décembre ; certes nous rougissons de honte, pour notre pays, en scrutant non point les bases d'argile, mais les équivoques sur lesquelles aurait la prétention de se greffer cette triste royauté de Juillet.

Nous l'avons déjà indiqué ci-dessus, la forme de gouvernement ou système anglais essayée vainement par nos rois Bourbons après 1815, reprise en sous-œuvre par les citoyens d'Orléans en 1830, serait, d'après M. Thiers : « Une transaction entre les trois inté-« rêts qui divisent les États modernes, la royauté, « l'aristocratie et la démocratie. » Bien ! mais une transaction de ce genre, compréhensible quand la royauté ou mieux le principe de la royauté pouvait librement intervenir, n'était plus qu'une intrigue malsaine du jour où le roi de France, répudié par la nation, pourchassé par les aboyeurs gagistes de l'Altesse cadette, prenait le chemin de l'exil !

Le citoyen duc de Chartres, proclamé Louis-Philippe 1er, pouvait-il prétendre à représenter le principe de la royauté en France ; pouvait-il prétendre à bénéficier d'une transaction royale ; pouvait-il invoquer à son bénéfice le principe de la royauté, *le droit du*

*temps ou mieux le respect de l'œuvre de royauté consa-
crée par le temps ?* Le fils du régicide Égalité, le lieutenant du traître Dumouriez, passé à l'ennemi avec son
chef (après avoir endossé la Révolution, accepté le
10 août et ses conséquences y compris le 21 janvier),
pouvait-il être admis en 1830 comme le représentant en
France du principe du droit divin de royauté ?

Non, orléanistes, non ! Un terme de la transaction
constitutionnelle ne pouvait plus exister en France
après Juillet : le roi errait sur la terre d'exil. La
royauté ne pouvait être représentée en France par une
famille qui, en 93, l'immola, qui, en 1830, l'expropria.
La monarchie est un principe, on en fit dès lors un ex-
pédient !

Aussi la révolution de 1830, dévoyée dès son aurore,
n'aboutit-elle qu'à laisser en présence, non point l'aristocratie et la démocratie, mais bien : *des intrigants au
pinacle, une royauté équivoque et un peuple volé.*

Il faut se reporter à cette triste époque, pour parvenir à se rendre compte de l'étrange façon dont les intrigants de 1830 arrivaient à présenter le tour de passe-
passe qui enfanta cette royauté de Juillet.

Accostons un fanatique de la maison d'Orléans.

Comment ! nous venons de remercier ce pauvre
Charles X, et vous n'avez pas hésité à nous embarras-
ser d'un nouveau roi !

Un roi, un roi ! vous exagérez toujours ! Plaignez-vous donc d'avoir récolté à temps un chef d'État conditionnel, constitutionnel, à coup sûr la meilleure des républiques !

Diable ! la meilleure des républiques, ce serait une trouvaille !

Certes ! Ne rencontrons-nous point dans ce bourgeois patriote toutes les garanties du libéralisme ?

On le dit !

Cette famille a donné des gages indélébiles à la Révolution : Égalité le père fut régicide. Lui, en brave général républicain, il s'est prodigué jadis sur les champs de bataille : il était à Jemmapes, il était à Valmy. Il a marché d'accord avec ces enragés de la Convention, même après le 21 janvier.

Quel bon parent ! Enfin, resterait à s'expliquer ce singulier amalgame de haine pour les rois, d'amour pour la liberté et d'acceptation d'une couronne.

Souvent les circonstances dominent les tendances des hommes : la France entière a forcé la main à Louis-Philippe le 9 août.

Ah bah ! et que pensent d'un tel dévouement les républicains et les légitimistes ?

Oh ! ceux-là, ils ne sont jamais satisfaits ! Pouvions-nous hésiter à sauver la patrie, pouvions-nous transiger avec les simagrées de quelques sectaires sans principes !

Finissons !

Et daignez prononcer, Français encore purs : une royauté *ainsi conçue* avait-elle chance de prendre racine en France ?

Une royauté d'opportunité cynique, ramassée sur les marches du trône, pouvait-elle prétendre à la royauté d'hérédité ? Le fils du conventionnel, le vieux jacobin avait osé, sans pudeur, balbutier aujourd'hui, pour l'affirmer demain : Dormez tranquilles, ô mes brebis ! je veille ; l'État hier ce fut vous, demain ce sera moi ! L'Altesse royale avait osé déclarer à la face du monde : Le principe du droit divin, droit immuable du peuple, délégué bien imprudemment par vos ancêtres à une indigne famille, s'est à nouveau incarné dans ma royale personne et dans ma noble descendance !

Le principe de la légitimité est mort !

Vive le principe de la légitimité !

Et les intrigants, soudoyés par le vieux sanglier, ajoutaient : Doutez-vous encore du bonheur de la France ? N'a-t-il point accepté, sans prétention de l'octroyer, une charte libérale baclée par 221 députés assermentés à son vieux fou de parent ? N'a-t-il point provoqué la suppression du préambule de la charte de 1814, comme blessant la dignité nationale *en paraissant octroyer aux*

Français des droits qui leur appartiennent essentielle-
ment ? N'a-t-il point exigé, dans son libéralisme, la suppression du mot sujet ? N'a-t-il pas reconnu implicitement
dans la charte de 1830 la souveraineté nationale à son
profit et au détriment *du peuple et de son roi ?*

Terminons en osant prier monsieur le rapporteur de
nous faire part de ses impressions sur l'épilogue de la
révolution de 1830 : Le 9 août 1830, eût-il marché avec
le roi de France ou avec la nation, ou bien avec le prétendu roi des Français et ses 221 ?

Cette triste royauté équivoque se traîna dix-huit ans.

Au lieu de passer d'un saut de 1830 à 1848, monsieur le rapporteur aurait peut-être mieux éclairé
l'Assemblée nationale en résumant les principales
phases de ce règne de bascule de dix-huit ans. Il eût
dû rappeler la platitude de l'Altesse royale, sacrée par
deux cent vingt et un intimes, mendiant à la porte des
cours étrangères la reconnaissance officielle de la
branche cadette, par l'entremise du saltimbanque de
tous les pouvoirs, du roué de la diplomatie, du loyal
Talleyrand. Il eût dû signaler le refus du nouveau roi
de donner suite au vœu de réunion des Belges, sous
prétexte de fermer l'ère des révolutions, mais dans
l'unique but d'éviter toute complication pouvant com-
promettre la stabilité de la nouvelle dynastie. Il aurait
fallu rappeler la platitude imposée à la France à la

suite des injonctions de la conférence de Londres ; la mort à l'espagnolette du dernier Condé, précédée d'une correspondance intéressée et équivoque de la nouvelle reine de France avec une catin [1]. Il aurait fallu signaler : la paternelle condescendance du bon oncle pour madame la duchesse du Berry sa nièce ; la trahison de Simon Deutz, traitée de juif à juif, par ce bon parent, au prix de cinq cent mille francs, pour aboutir à une ignoble vengeance, à la constatation d'une faiblesse féminine, et arriver à placer ainsi en relief la haute moralité de la nouvelle famille royale. Il fallait rappeler : la loi contre les associations ; les lois de septembre ; l'indemnité Pritchard ; le procès Teste et Cubières ; le procès des fusils Gisquet et des pots-de-vin ; terminer en rappelant la résistance aveugle d'un prétendu monarque, issu selon ses séides de la volonté nationale, à une modeste réforme électorale, etc,... etc...

Bref la révolution de 1848 mit à terre la monarchie communarde de 1830.

Monsieur le rapporteur et ses clients affectent de stig-

1. Sophie Dawes, née Clark, baronne de Feuchères, maîtresse du prince de Condé, dont les rapports avec la reine Amélie ne sont plus aujourd'hui douteux, qui, agent secret de la maison d'Orléans dans la négociation du testament du prince de Condé en faveur du duc d'Aumale, après avoir accompli son mandat à la satisfaction de ses commettants, fut accusée jadis de l'indigestion de son amant.

matiser particulièrement la révolution de 1848. Cette haine est plus collective que réelle, en ce sens que leur répulsion s'applique non point spécialement à une révolution plus détestée, mais bien à la deuxième république qu'elle enfanta. Cette explosion de mépris et de justice rappelle de plus à chacun d'eux de tristes souvenirs : les chutes de combinaisons monarchiques intéressées et de leur choix.

Et cependant, avant de stigmatiser les réveils des aspirations des peuples, ces burgraves, s'imposant aujourd'hui comme délégués du suffrage universel, auraient dû reconnaître la justice du principe inaliénable qui nous les impose, et la nécessité du douloureux enfantement qui nous en dota !

Mais non ! on proteste aujourd'hui en France contre la légitimité de chaque révolution ; on récrimine surtout le nettoiement de 1848. Tous les clans des royalistes osent affirmer que Paris s'imposa à cette époque à la province qui adorait Louis-Philippe. Ils protestent contre l'appréciation des représentants des États étrangers, alors en résidence à Paris, qui, à la suite d'une conférence, résumèrent ainsi la résolution prise : « Recon- « naissant l'unanimité du mouvement qui vient de « s'opérer en France, et les apparences de force et de « stabilité que puise le gouvernement provisoire dans « l'élan unanime de la population, les représentants des

« cours étrangères ont résolu de rester à leur poste,
« jusqu'à la décision de leurs cours respectives. »

Mais non ! ils protestent contre l'approbation générale de l'Europe, contre l'acceptation de la révolution par les cours étrangères, contre la reconnaissance simultanée de la République française par les mêmes souverains si durs à la détente pour admettre l'usurpation de l'Altesse royale.

Mais non! M. le rapporteur ne saurait être aujourd'hui de l'avis de M. Denjoy, l'habile conservateur de l'époque, qui, postulant un siége à la Constituante, écrivait alors en tête de sa profession de foi : « La France, après tant d'essais, *ne peut plus vouloir la*
« *monarchie.* Une colère du peuple a fait crouler l'édi-
« fice ; la monarchie, *la monarchie est morte ;* le peu-
« ple est adulte, la France désormais *ne peut plus*
« *être gouvernée que par la France*............ Les
« partis n'existent plus que dans le souvenir ; plus de
« légitimistes radicaux, plus de conservateurs, il ne
« reste plus que deux partis : *ceux qui veulent vivre*
« *en travaillant, ceux qui voudraient vivre des fruits*
« *des labeurs des autres.* Hommes de travail de toute
« condition, *seuls honnêtes gens que je reconnaisse,*
« soyez donc toujours au poste ; les premiers partout:
« à la garde nationale, *au club,* à l'élection. Que la
« France s'aide elle-même, Dieu l'aidera. Il l'a établie,

« *l'initiatrice des peuples* ; que leur admiration légitime
« pour elle continue d'entraîner leur imitation. . .
« . . . . La République depuis longtemps m'était
« apparue aux extrémités de l'horizon, la grandeur de
« son avénement est le présage de ses destinées. .
« . . . . . etc. . . . etc. . . . . . »

Mais non ! messieurs les monarchistes coalisés ont
oublié la conversion spontanée de La Rochejacquelein,
du fils du Vendéen qui s'affirmait alors ainsi : « La ré-
« publique a été proclamée par le gouvernement provi-
« soire ; j'ai déjà, et tout de suite, promis mon con-
« cours.

« Que l'intérêt, l'avenir de la nation fassent dispa-
« raître toutes les divisions, *même les noms des anciens*
« *partis;* c'est le seul moyen de sauver notre pays de
« tous les maux intérieurs et extérieurs que nos divi-
« sions produiraient infailliblement.

« Nous avons pu être divisés, nous sommes réunis
« pour le salut commun de la patrie.

« Maintenant il faut y travailler tous.

« Le gouvernement républicain peut réaliser le rêve
« des hommes de bien *aimant leur pays avant tout*..... »

Mais non! messieurs les cléricaux protestent contre
les tendances de **M.** de Montalembert, à cette époque
où il écrivait : « Dans l'ordre politique, je n'ai eu qu'un

« seul drapeau, *la liberté en tout et pour tous*..... La
« liberté a été l'idole de mon âme.

« . . . . Si la vie politique m'était
« ouverte par le suffrage de mes concitoyens, je tra-
« vaillerais *de bonne foi*, et sans la moindre arrière-
« pensée, *à fonder la constitution de la République*,
« persuadé que les gouvernements ne succombent en
« France avec une si déplorable rapidité, que par dé-
« faut de sincérité, et par complaisance des passions
« exclusives; je m'efforcerais, par-dessus tout, de don-
« ner au gouvernement républicain la première des
« conditions de toute grandeur, *la durée*; mais, quoi
« qu'il m'arrive, ni mes convictions *ni mes allures ne*
« *changeront.* »

Mais non! messieurs les cléricaux-monarchistes ré-
pudient aujourd'hui le grand Falloux et son admiration
naïve pour la cité des révolutions; écoutez ses magnifiques paroles, ruraux, et vous serez édifiés : « *Mon*
« *admiration* pour le peuple de Paris est inexprimable.
« Sa bravoure a été quelque chose d'héroïque, ses
« instincts d'une générosité, d'une délicatesse *qui sur-*
« *passe celle de beaucoup de corps politiques qui ont*
« *dominé la France depuis soixante ans.* On peut dire
« que les combattants, les armes à la main, dans la
« double ivresse du danger et du triomphe, ont donné
« tous les exemples sur lesquels n'ont plus qu'à se

« régler aujourd'hui les hommes de sang-froid. *Ils ont*
« *donné à leur victoire un caractère sacré.* Unissons-
« nous à eux, pour que rien désormais ne le dénature
« ou ne l'égare. »

A ce point de cette étude comparative, le débat sur
la légitimité de la révolution de 1848 se trouve circonscrit dans un dilemme inévitable : ou bien ce mouvement populaire doit être enregistré comme une irrésistible explosion de justice acceptée par la France
entière [1], ou bien les royalistes, les cléricaux, les conservateurs du jour se précipitant, *enivrés* d'amour, dans
le sein de la République, n'auraient accompli que
l'œuvre jésuitique de vils saltimbanques et de lâches
renégats ?

Laissons les intéressés choisir !

Continuons, avec l'impartiale histoire :

L'Assemblée nationale constituante proclama la République démocratique, une et indivisible. Dix-sept fois,
les acclamations souveraines vibrèrent dans le temple
des lois. La nation entière a donc absous le peuple de
Paris de l'expulsion de la royauté de Juillet.

---

1. Nous ne discutons pas naturellement la preuve de l'unanimité du mouvement de 1848, en France, à tirer de l'acceptation et de la reconnaissance du gouvernement de la République,
par les puissances étrangères.

*
* *

L'épisode le plus reproché à Paris pendant la période de la République de 1848, c'est sans contredit la coupable tentative du 15 mai, cette échauffourée expliquée par une surprise, mais surtout par la faiblesse du président Buchez, et dont la réaction du temps exagéra à plaisir l'importance. Il est en effet constant, aujourd'hui, qu'elle ne put réussir que par manque de précaution et par défaut de mesures militaires. — M. le rapporteur, qui y joua, malgré lui, *le rôle de membre passif,* aurait dû, dans son impartialité, signaler à son rapport la noble conduite de la cité parisienne dans cette triste circonstance, et le décret de l'Assemblée nationale qui en fait foi :

« Français,

« L'Assemblée nationale vous répond du salut de la
« patrie. Menacée un moment, *elle a vu la noble ville*
« *de Paris se lever tout entière pour sa défense.* Dans
« les murs, citoyens et soldats sont accourus au signal
« du péril; *tous ont bien mérité de vous;* que la recon-
« naissance du pays soit leur juste récompense; que
« vos acclamations unanimes répondent à celles qui re-
« tentissent autour de nous....., etc....., etc. »

* *
*

Nous ne nous arrêterons sur les douloureuses journées de juin que pour constater la conduite héroïque de
la garde nationale et de la garde mobile, et les patriotiques efforts de la ville de Paris, tant pour réprimer
l'émeute que pour maintenir l'Assemblée nationale in-
violable. Et nous prions messieurs les puissants du jour
de vouloir bien méditer ces paroles de Cavaignac, pressé
par la commission exécutive d'attaquer de suite l'insurrection, pour la réduire dès sa naissance : « Que la
« garde nationale attaque les barricades, c'est son af-
« faire ; nous la suivrons. »

Car, à cette époque, le gouvernement du pays com-
prenait que sa place était au péril ; la grande cité n'était
point encore abandonnée par les représentants de la
France. Paris et la province ne souffraient pas d'un divorce antinational. Et les bons citoyens, au jour du
sacrifice, de l'épreuve, électrisés par la présence du
pouvoir, n'hésitaient point à se grouper autour de lui
pour rétablir l'ordre, pour assurer le triomphe des lois.
Et l'avenir de la nation n'était point aveuglément confié
à la sollicitude militaire. Les généraux d'alors sentaient
encore qu'ils avaient à compter avec les forces civiques,
représentées dans l'ordre civil par les gardes urbaines ;

que l'armée leur devait son loyal concours pour assurer l'ordre intérieur, mais qu'elle ne possédait point une puissance sans contrôle, sans contre-poids armé, qui, mal dirigée aujourd'hui, pourrait, sans résistance possible, nous dispenser le triste sort de la décadence prétorienne des empires !

A cette époque, on n'était point encore descendu à cette période d'égarement où on osa formuler, dans une Chambre française, cette monstrueuse proposition : *Le civisme est tellement à terre en France, que l'on ne saurait sans danger y faire garder la cité par la cité.*

Et les insurrections les plus terribles, domptées par deux ou trois jours de dévouement civique, n'aboutissaient point alors dans la grande cité, abandonnée du pouvoir, à un siége de soixante-dix jours. Et la France entière ne souffrait point des souffrances de son antique Lutèce !

*
* *

Enfin, M. le rapporteur inscrit au passif de Paris le crime d'État du 2 Décembre.

Passe encore, répétons-nous, de reprocher à cette noble ville ses révolutions populaires; mais peut-on, sans pudeur, lui reprocher les crimes d'État, surtout le 2 Décembre? Seule, la passion politique, passée à l'état de monomanie, peut excuser cette singulière passion contre Paris affichée par des Français à la tribune, à la face de l'Europe déroutée.

Qui donc prépara en France le 2 Décembre? Ne serait-ce point cette triste coalition des intérêts monarchiques, cléricaux et réactionnaires qui, aux élections de la présidence, tout en simulant un vote ostensible pour Cavaignac, obéit jadis dévotement au mot d'ordre des sociétés secrètes cléricales, au mot d'ordre des conférences de Saint-Vincent-de-Paul, en votant pour Louis Bonaparte? Ne serait-ce point le parti prêtre qui lança jadis, dans une réunion mémorable, par l'organe d'un de ses orateurs les plus éloquents, ce cri de détreste : « Nous sommes comme les naufragés de « *la Méduse*, nous allons périr sur les côtes escarpées « et désertes de la Révolution; *un radeau,* grand « Dieu ! ne fût-ce que pour dix ans. »

Le radeau, le paravent clérical surnagea sur l'océan des âges, *hideux*, vingt ans, puis il disparut trop tard, entraînant avec lui dans la tourmente l'honneur, l'unité, l'indivisibilité, la fortune de la France !

Le 2 Décembre aboutit dans Paris, signale M. le rapporteur. — Ce crime aurait-il présenté moins de chances de succès à Versailles qu'à Paris? Un régiment, certes, eût suffi à Versailles pour enlever l'Assemblée nationale, puisque l'armée était acquise à l'attentat, tandis que, dans Paris, il a fallu quatre jours d'efforts prétoriens et de massacres pour réduire la cité parisienne, qui eût sauvé la France alors, si son aversion pour le césarisme et son respect pour l'Assemblée nationale n'avaient pas été attiédis par les tentatives liberticides d'une imprudente majorité.

Oui, Paris mérite des reproches. Paris n'a pas fait son devoir au 2 Décembre : Paris n'a tenu en échec Badinguet, ses janissaires et ses collaborateurs que pendant quatre jours ; mais que fit, pendant ce temps-là, la province, pour assurer le respect des lois ?

Badinguet a incontestablement démoralisé, dévoré, ruiné, démembré la France.

Mais à qui la faute ?

*
* *

Voilons-nous la face pour traverser le bourbier de ce second Empire de dix-neuf ans ; prenant acte, néanmoins, que, pendant cette détestable période, Paris, au lieu d'être l'oppresseur, fut l'opprimé, puisqu'il dut subir, contre son gré, l'ignoble gouvernement que lui imposait la province.

Paris s'est réveillé le 4 septembre. Paris, à la nouvelle de Sedan, a maudit, approuvé par la France entière, l'artisan de tous nos malheurs, et a proclamé la déchéance de l'aventurier filou, après Lyon, après Marseille....., même après Versailles.

Qui oserait protester aujourd'hui, en France, sans encourir les colères de l'Assemblée nationale. Son unanimité à confirmer la déchéance instinctive, sommaire, prononcée par le peuple n'aurait-elle point absous la nation et sa capitale de la révolution de la honte?

Enfin, arrivons à la dernière imputation contre Paris : Paris a laissé faire la révolution du 18 mars.

Hélas! Sedan n'était que l'échappatoire d'un couard en partance; Metz l'œuvre machiavélique d'un agent bonapartiste. L'insurrection de Paris, sous le canon prussien, sera longtemps encore pour notre pauvre France sa tache d'huile nationale.

Ce fut l'œuvre de grands coupables :

Certes, d'abord, des insurgés;

Mais l'Assemblée nationale et le gouvernement ont-ils su se résoudre à temps à toutes les concessions compatibles avec la dignité du pouvoir, pour faire tomber des armes fratricides des mains de nos concitoyens égarés ? Les défiances de l'Assemblée nationale contre Paris, malgré son dévouement incontestable pendant le siége, manifestées peut-être imprudemment à Bordeaux, exploitées par des sectaires, n'auraient-elles point concouru à entraîner des hommes incultes dans une voie criminelle? L'installation de l'Assemblée hors de Paris, campée dans le palais des rois, ne pouvait-elle pas prêter à une fausse interprétation de tentatives antirépublicaines?

Et puis l'expédition de Montmartre a-t-elle été heureuse, bien conçue, bien conduite, dans la cité décimée au 2 décembre par un crime d'État? Les descendants, les frères des républicains assassinés par les complices de Bonaparte, n'avaient-ils point quelque droit à la condescendance des représentants de la France régénérée?

Hélas! tout s'enchaîne ici-bas; les grandes fautes du passé conduisent aux grandes catastrophes!

Était-ce faire acte de conciliation, ou même de force, en conduisant nuitamment une expédition militaire dans la cité, à l'insu de sa municipalité?

Hélas!..... hélas!!.....

De plus, le choix du radeau clérical, porté à la présidence, avait permis l'Empire; l'Empire et le plébiscite du 8 mai ont rendu possible une guerre dynastique; la guerre, les capitulations aidant, a amené la défaite; la défaite a conduit au siége; le siége, cette prétendue folie héroïque d'après Trochu [1], a abouti à la capitulation ; la capitulation, l'absence du pouvoir, les réserves politiques de l'Assemblée nationale indignement exploitées, la maladresse de l'expédition de Montmartre, ont fait toute la force de l'insurrection. Et, au milieu du désarroi national, la répression perdant forcément tout caractère de spontanéité civique, réduite à procéder longtemps extérieurement par opérations purement militaires, rendit possible, par sa lenteur même, la conception et la perpétration des crimes qui ont ensanglanté et dévasté Paris. . . . .

. . . .

. . . . . . Paris a dégénéré, Paris n'a pas fait son devoir au 18 mars, Paris n'est plus digne du séjour des souverains de la nation....., soit....., soit....., puissants !..... mais vous êtes aujourd'hui plus que des juges, vous êtes des maîtres ! Avant de condamner, avant de punir, écoutez, ô gouvernants, la défense des bons citoyens de Paris réduits au triste rôle de spectateurs forcés de tant d'horreurs !

On nous reproche, disent-ils, de ne point avoir gardé la cité ! Que pouvions-nous faire ? Tout centre de ralliement nous manquait : la Chambre s'était désintéres-

---

1. Nous employons la triste définition inventée par ce malheureux pour expliquer, après coup, le triste résultat dû à son incapacité, par une impossibilité militaire prévue à l'avance.

sée de Paris, le gouvernement nous avait abandonnés. C'était ainsi qu'on prétendait nous tenir compte de l'héroïsme de notre cité pendant le siége, reconnaître notre amour pour la patrie, pour la France, nos sacrifices patriotiques pour sauver l'honneur !

Pendant près de cinq longs mois d'anxiété, nous avions virilement consenti à supporter toutes les douleurs, toutes les privations, l'isolement du reste du monde. On nous avait dit : La France vous a confié la garde de l'arche sainte, de l'arche nationale. Nous étions décidés à mourir pour l'arche sainte ; nous avons défendu le dépôt sacré aussi longtemps qu'on l'a voulu. Les chefs ont eu faim avant nous ; ils ont encore capitulé ! La province n'a pas pu nous secourir ; quant à nous, avec quel bonheur nous aurions porté secours à la province !

Affolés par les péripéties du siége, par les défaillances, par les trahisons, le cerveau devenu creux par l'abstinence, nous attendions avec respect, pour nous grouper autour de lui, le nouveau pouvoir que la France s'était donné. Il ne vint pas. — Dès lors, pouvions-nous maîtriser seuls une situation que le pouvoir redoutait d'affronter ? Ce pouvoir, issu de la tempête, a-t-il fait œuvre de prudence ou de faiblesse, en hésitant à prendre courageusement possession, au nom de la nation, de son antique capitale ? Respectons les arrêts de l'histoire.

Et puis, à leur réveil du 18 mars, surpris par une expédition militaire composée de soldats, rien que de soldats, les citoyens, trompés par l'apparence, n'ont-ils pas entendu gronder dans la cité :

C'est le 2 Décembre ! c'est encore le 2 Décembre !

. . . .

. . . .

La répression fut ainsi tardive et d'autant plus terrible. Mais après la juste punition des criminels du droit commun, des incendiaires et des assassins, aura-t-on atteint en France tous les complices de la situation, même tous les coupables ? ne serait-il pas plus juste de remonter aux sources mêmes de tant de misères, à l'approbation, officielle jadis en France, de l'assassinat et du parjure, et de reconnaître l'énormité de la faute à la la rigueur de l'expiation ?

Non, certes ! depuis vingt ans, Paris ne fut point seul coupable !

Auriez-vous quand même la conscience en repos, puissants du jour, si les malheureux fédérés n'avaient fait que combattre ou mourir ?

Notre France, notre malheureuse France a fait naufrage. Au nom de l'unité des épaves :

Pitié pour les naufragés !

IV

CONSIDÉRATIONS GÉNÉRALES

CONCLUSION

Après d'aussi grands malheurs, élevons nos cœurs, détachons-nous de tout intérêt de faction pour envisager dans toute sa laideur la détestable situation de la patrie.

Non certes, il ne saurait exister de causes de divorce entre Paris, résumé de la France, et la France. Il ne s'en manifeste aujourd'hui qu'une apparence intéressée et temporaire. Et toute faction monarchique n'hésiterait point, victorieuse, à suivre le monarque et sa cour à Paris, dans ce redoutable Paris, amnistié comme don de joyeux avénement. Mais chaque faction a vu tour à tour sa dynastie préférée recevoir son *exeat* du peuple de la ville (*urbs*) ; et vous souffrez, pauvres Parisiens, des dépits dynastiques qui oppressent les cœurs de sujets dévoués, mais que ne saurait contenir le cœur miséricordieux d'un roi !

Ainsi Paris et la France souffrent parce que nous nous maintenons divisés ; parce que, même pour sauver le pays, nous résistons aux concessions, au sacrifice patriotique de nos prétentions, de nos répugnanees ; parce que l'intérêt de la France passe après l'intérêt des partis ; parce que nous hésitons à nous sentir les coudes uniquement comme Français !

Hélas ! si notre nation existait seule sur la terre : si elle n'avait point à compter avec les peuples nos voisins, serions-nous moins coupables ? non, Français, non! mais rien ne serait alors désespéré. Les hommes sincères, sûrs de leur dévouement, de leurs efforts, pourraient encore compter sur la collaboration du temps pour travailler à la régénération nationale, pour inculquer à un peuple dérouté, démoralisé, le respect de ses obligations, le dévouement à ses devoirs, en lui dévoilant les sources de ses maux. Mais le temps presse. Les défaillances politiques ont conduit la grande nation à l'affaissement, à l'abîme. Car si un peuple jouit du droit international de se gouverner suivant ses aspirations et à sa guise ; quand il est tombé, par ses dissensions, jusqu'à perdre tout principe de cohésion, toute boussole nationale, l'étranger qui l'observe, en profite, puis vient toujours mettre le holà. Deux fois les Napoléon nous ont conduit à ce terrible naufrage, confirmés cependant tous deux, dans un pouvoir usurpé, par la majorité en France ! Oserions-nous, aveugles aux enseignements du passé, espérer encore le salut, la régénération d'une monarchie sans principe, éphémère, fondée sur cette majorité factice d'un jour? Français, ce serait la dernière chute, ce serait la fin, la mort de notre Gaule, et alors, malheur aux vaincus !

Quelle ligne de conduite est dès lors imposée aux patriotes, pour sauver la nationalité française? comment arriveront-ils à neutraliser les ferments d'une décadence prochaine ?

En ayant toujours présente à la pensée l'image de la patrie, en s'inclinant devant le seul principe d'autorité légitime, devant l'unique principe de droit public. En s'inclinant devant le droit divin, confié à tout homme venant au monde, déposé par le créateur dans l'humanité collective, et, au point de vue national, déposé inaliénable, imprescriptible, dans la nation. En se soumettant au vœu formel de l'Être suprême, qui certes préside aux destinées de l'humanité, aux lois de la nature, qui, par une procréation continue, en assure un renouvellement de chaque jour.

Néanmoins, le droit divin a une autre acceptation en France. C'est ainsi que, par un respectable fanatisme, certains Français, osons dire idolâtres, admettent comme preuve de la possibilité de l'incarnation isolée du droit divin, sous l'impulsion divine, le fait du pouvoir suprême maintenu par la grâce de Dieu, intact tant de siècles dans notre antique maison royale, conformément à un droit de succession également séculaire, et persistent à retrouver le droit divin dans une constatation de durée, qui rigoureusement ne saurait être invoquée que comme le droit du temps, ou mieux le respect de l'œuvre de royauté consacrée par le temps. Par suite, le droit divin royal constituerait un principe de pouvoir renonçant, de par une manifestation divine présumée, à toute relation absolue avec le droit divin primitif, en ce sens, que, s'il peut prétendre y avoir pris naissance, il a renoncé, par le fait même d'une prise de possession dynastique, à y puiser sans solution de continuité sa confirmation d'existence. D'où, l'absolution du droit divin par une royauté séculaire ne saurait être fondée que sur une aliénation séculaire d'un droit inaliénable, imprescriptible, aliénation approuvée par la Divinité, suivant ses adeptes, conduisant à une noble idolâtrie, suivant les profanes.

****

En somme, que s'est-il donc passé en France depuis près de quatre-vingt-dix ans ?

Deux principes d'autorité, réputés divins (le droit divin primitif et le prétendu droit divin, par aliénation), en présence depuis des siècles, en sont venus aux mains. Le droit divin primitif fut conduit, par les péripéties mêmes de la lutte, à rentrer dans la plénitude de son autorité inaliénable, imprescriptible. Et cela, malgré tant d'efforts sincères pour s'entendre, pour transiger avec les précédents relatifs du droit divin par aliénation, pour conserver le roi représentant séculaire, osons ajouter populaire, national, de cette noble fiction, pour maintenir à la tête de la nation française, Louis XVI (et par voie de succession réglementer ses rejetons) avec le titre de roi des Français, trente millions de liste civile, le commandement des armées, le véto royal et la plupart des anciennes prérogatives royales. La souveraineté royale ne voulut donc jamais se décider à accepter pour principe la souveraineté nationale ou principe primitif. Et dès lors la royauté s'exécutant, tantôt de mauvaise foi, tantôt à contre-cœur, ne sut jamais se décider à guider le mouvement de revendication, d'émancipation, et essayant au contraire de l'enrayer, de le dompter, provoqua une rupture inévitable avec les traditions du passé, rupture terrible, absolue, sans espoir de retour.

Puis le droit divin primitif reconquis, presque involontairement, par le peuple; l'Europe monarchique, coalisée pour l'étouffer à son aurore, vaincue ; la révolution ainsi accomplie en France ; un soldat heureux osa en absorber les conséquences à son profit, pour les transformer en équipée prétorienne. Et la nation fascinée, entraînée par un terrible météore, après avoir abdiqué imprudemment, pendant près de quinze ans, son droit divin entre les mains d'un despote, se réveilla en 1814 seule, battue, démoralisée, malheureuse, ruinée, démembrée, n'ayant recueilli de tant de prouesses infructueuses, de tant de sang inutilement versé, qu'affaissement intérieur, haines et défiances extérieures, répulsion des peuples et des rois.

Puis, comme conséquence de l'invasion étrangère, la France eut à subir la restauration de son antique maison royale, condition léonine, acceptée alors sans haine comme sans colère, qui néanmoins à cette époque nous sauva des hontes du partage et du complet démembrement. Le droit royal primant ainsi le droit divin national, par la grâce de Dieu et de l'ingérance étrangère, la royauté de 1814, même avec son apparence constitutionnelle, ne pouvait être admise comme une transaction amiable entre les deux principes de droit divin.

Puis vint la réaction inévitable du droit divin national contre cette restauration d'invasion, réaction qui, sans préciser une attaque directe contre la royauté elle-même, n'hésitait pas à protester contre le rétablissement des priviléges, des castes, contre la domination cléricale, contre tout cet ensemble d'institutions royales, conséquences après tout forcées, obligatoires, d'un retour rétrospectif.

Puis survint 1830. Le droit divin primitif, reconquis par le peuple, par le sacrifice, au prix de son sang généreux, était, le 9 août 1830, escamoté par quelques intrigants au profit d'une altesse royale, fils d'un régicide. Étrange transaction *entre les trois intérêts qui, prétend-on, divisaient alors les États modernes : la royauté, l'aristocratie et la démocratie !* transaction cynique, où le principe du droit royal se trouvait incidemment représenté par un vieux jacobin, serviteur zélé de la souveraineté populaire jusques et y compris la décapitation du roi, par cet ex-patriote qui, complaisamment, dans l'intérêt de la conservation du principe séculaire de royauté, après avoir aidé consciencieusement à le déraciner jadis, daignait rassembler sur son front libéral les débris de la couronne de France, aux risques et périls de la nation !

Puis s'accomplit la révolution de 1848. Le droit primordial venait une troisième fois, en chassant l'usurpateur et sa séquelle, de reconquérir la plénitude de son autorité inaliénable, imprescriptible. Jamais certes, jamais révolution ne se présenta à l'univers aussi belle, aussi pure, aussi probe, et la République française, reconnue par les cours étrangères, eut même à subir à l'intérieur les protestations basses et serviles des clans des royalistes de toutes les nuances, renforcés des cléricaux.

Hélas ! ce règne du droit divin primitif fut bien court. La République livrée à un aventurier, à un triste radeau clérical, par les votes des monarchistes et des ultramontains conjurés, périt le 2 décembre, égorgée par un crime d'État. Enfin la France, gouvernée pendant dix-neuf ans par un coupe-jarret, par la grâce de Dieu et la volonté nationale (ainsi qu'on osait alors le prétendre), la France systématiquement démoralisée, se réveilla, bouleversée par une affreuse tourmente, affolée, sans armées, sans armes, sans virilité, sans patriotisme, affaissée, annihilée, sans principe gouvernemental, sans principe de cohésion, sans droit divin, défilant sous les fourches caudines de l'étranger !

Châtiment ! châtiment mérité ! !

La France avait divorcé avec la boussole nationale. Et Dieu, dans sa justice, avait abandonné une nation qui avait répudié tout droit divin !

Oui, car le seul principe d'autorité légitime, l'unique principe de droit public, l'unique principe de cohésion nationale, c'est le droit divin.

En droit, il est primordial, absolu, inaliénable, imprescriptible.

En fait, son aliénation séculaire entre les mains d'une famille royale, dans des conditions de succession rigoureusement réglementées, a paru autoriser l'édification, à côté du droit primitif, d'une prétention à l'autorité, à la puissance, dite, de par le droit du temps, également divine.

Mais est-ce à dire que, fort de cette deuxième interprétation du principe d'autorité, tout glorieux guerrier, toute altesse royale communarde, tout coupe-jarret, puisse, au lendemain de l'affranchissement du droit primitif, se croire en droit d'usurper pour lui et sa famille la suprême puissance ; d'absorber à son profit une succession de mille ans ; d'arguer d'un précédent séculaire ; de se servir d'un prétendu droit populaire divin prescriptible, de la souveraineté nationale d'un jour, pour enchaîner à jamais la nation à son char ?

Non ! mille fois non ! le droit à l'autorité monarchique ne saurait être compris comme dérivant du principe du droit primitif, qu'autant qu'il serait respecté dans sa succession séculaire : qui l'usurpe aujourd'hui, condamne ses rejetons à renoncer à s'en prévaloir demain !

***

A ce point le débat nous paraît rigoureusement circonscrit :

Tenons-nous en France pour le droit divin primitif, autrement dit, pour la souveraineté nationale continue ?

Ou tenons-nous pour ce prétendu droit divin par aliénation, ou droit royal, autrement dit, tenons-nous pour la souveraineté royale ?

Une nation, si elle a la prétention de se maintenir viable, doit veiller directement, personnellement, sans défaillance, sans solution de continuité, sur son administration intérieure. Surtout elle doit se blinder contre toute ingérance extérieure. Elle adopte ainsi le système gouvernemental, conséquence de la pratique du droit divin primitif : le régime républicain.

Ou bien, préférant abdiquer en faveur d'une minorité spéciale, pour s'occuper presque exclusivement d'affaires privées, de commerce, elle chargea jadis de ce soin, en les dotant d'immenses priviléges, roi, famille royale et noblesse. Elle adopta alors la solution monarchique des temps passés. Dans cette seconde hypothèse, comment aboutir autrement qu'en restaurant notre antique maison de France ; autrement qu'en confiant la garde de la nationau roi de France, sans domaine privé autre que la France, en chargeant le monarque, d'essence réputée divine, de représenter individuellement le pays au point de vue national et surtout international, en forçant le roi, identifié ainsi par sa situation même avec la nation, à protéger en elle son bien, sa chose, avec l'aide de Dieu, de son épée, avec le concours de sa vaillante noblesse ?

Et dès lors, cette restauration devrait s'affirmer comme la conséquence virtuelle d'une révélation spontanée, conduisant à l'abjuration d'une erreur nationale quasi séculaire, à l'abjuration des conquêtes effectives de l'immortelle révolution de 1789, de la conquête de la souveraineté nationale.

Le dilemme gouvernemental est rationel, inévitable. Suivant nous, toute solution intermédiaire ne saurait être que compromis, confusion, ténèbres.

Est-ce à dire que nous entendions protester aveuglément contre d'autres données sérieuses, contre l'efficacité de toute autre solution nationale bien constatée, même contre l'amalgame humain de deux principes à peu près incompatibles réputés d'essence divine : la souveraineté nationale et la souveraineté royale ?

Non, *à priori*.

Mais nous prétendons avoir établi que toute nouvelle solution monarchique-empirique ne saurait être basée que sur une abdication intermittente et sans profit d'un droit primitif, sur une pétition de principe coupable, inconciliable avec les progrès des âges et les fins de l'humanité. Et de plus une terrible expérience ne nous donne-t-elle pas le droit de nous défier des aréopages bourgeois aveuglés par des tours de force d'Escobar ou de Sacripant ?

Qu'espérer, en effet, au point de vue national, de la mise en séquestre de la France par un aventurier militaire plus ou moins héroïque? Peut-on encore nourrir l'espérance qu'un soldat heureux saurait, après tant de révolutions, s'identifier assez avec la nation pour parachever, de son vivant, sa substitution dynastique à l'inamovibilité du droit monarchique, et restaurer ainsi, à son profit, par quelques coups de foudre, un principe d'autorité réputé divin en vertu d'une préexistence continue de mille ans ?

Qu'espérer d'un nouveau roi d'opportunité, cueilli sur une branche plus ou moins collatérale, et trop heureux d'affirmer sa confiance dans l'avenir monarchique de la France, en abdiquant, par une dotation entre-vifs, quelques jours avant que de ceindre le diadème, la jouissance personnelle de son royal apanage, pour assurer ainsi bourgeoisement le pain de ses enfants ?

Doit-on essayer encore d'un nouvel aventurier couard qui, comme manifestation de sa confiance illimitée dans son droit divin-national, n'hésiterait certes point à risquer un milliard sur les fonds étrangers, pour s'assurer au moins le pain amer de l'exil, pour acquérir, ô néant des grandeurs ! une lieutenance en Ibérie à son noble rejeton ?

Mais, nous dit-on, comment revenir aux traditions du passé? Le principe de souveraineté royale est tombé en désuétude. L'acceptation de la nécessité des castes, le respect de la noblesse ont disparu jadis avec le respect et l'amour du roi.

Soit!

Il ne s'agit donc plus aujourd'hui, en France, d'une transaction entre trois intérêts distincts : *la royauté, l'aristocratie et la démocratie.* Il ne reste plus en présence que l'aristocratie et la démocratie.

Accordé!

Puis, l'aristocratie, ne conviendrait-il pas de la dénommer d'une façon plus populaire, et la démocratie de lui éviter une dénomination radicale?

En effet!

Formulons donc simplement : il ne reste plus en France que des compatriotes qui possèdent plus ou moins, et des compatriotes qui possèdent moins ou rien.

Voilà!

Mais alors sur quels étais appuyer, par quels liens

consolider « *une échelle sociale au sommet de laquelle* « *tout surabonde, puissance, honneurs, fortune, tan-* « *dis qu'au bas tout manque jusqu'au pain indispen-* « *sable à la vie* [2]? » Comment coordonner les épaves de notre pauvre patrie?

En forçant tout possédant à subir corporellement toutes les charges, toutes les obligations sociales personnelles.

En forçant tout déshérité à s'élever assez par l'instruction, pour comprendre tous ses droits et tous ses devoirs.

En préparant tout Français à concourir personnellement et virilement au maintien de l'ordre, à la défense de la patrie.

En pénétrant, dès son jeune âge, tout citoyen de cette vivifiante certitude qu'au point de vue social, national, politique, il constitue une individualité absolue.

En appliquant le principe d'autorité légitime ou droit divin, dans toute sa sublime pureté.

En dotant le pays du seul mode de gouvernement rationnel.

1. M. Thiers, *Histoire de la Révolution française*, tome **II**, page 3.

En osant dire à la France malheureuse : Pratique enfin le droit divin continu, la souveraineté nationale, et l'Être suprême protégera la nature prodigue qui est revenue à lui.

FIN

Clichy. — Imprimerie PAUL DUPONT et Cie , rue du Bac-d'Asnières, 12.